POLYPHEM

Olaf Link

Die Deutsche Revolution 1848/49 im Bergischen Land

Bibliografische Informationen der Deutschen Nationalbibliothek

Die Deutsche Nationalbibliothek verzeichnet diese Publikation in der Deutschen Nationalbibliografie; detaillierte bibliografische Daten sind im Internet über dnb.d-nb.de abrufbar.

Titelbild: Johann Peter Hasenclever, Arbeiter vor dem Magistrat, Erste Fassung, 1848/1849, Schlossbauverein Burg a/d Wupper, Solingen
Foto: Thomas E. Wunsch

Redaktion: Peggy Leiverkus
Einbandgestaltung und Satz: Patrick Leiverkus
Druck und Bindung: Books on Demand, Norderstedt

ISBN 978-3-96954-004-6

Besuchen Sie uns im Internet: www.polyphem-verlag.de.

Wenn eine Revolution verunglückt,
so verunglückt ein Jahrhundert,
denn dann hat der Philister
einen Sachbeweis.

Friedrich Hebbel (1813–1863)

Ganz Deutschland wird zu einer
einigen, unteilbaren Republik erklärt.

Programm des Bundes der
Kommunisten, März 1848,
formuliert von Marx und Engels

Inhalt

Vorwort

Wenn in der Bundesrepublik Deutschland die Jahre 1848/49 offiziell Erwähnung finden, dann ist zumeist von der Nationalversammlung die Rede, die als vorläufiges deutsches Parlament in der Frankfurter Paulskirche tagte und reichsweit geltende Gesetze beschloss. Das revolutionäre Geschehen, welches dieses Parlament erst ermöglicht hatte, wird in aller Regel nicht thematisiert. Anders, jedoch ebenfalls unangemessen, war der Umgang mit der Deutschen Revolution in der Deutschen Demokratischen Republik. Dort nahm man für sich in Anspruch, in einer revolutionären Tradition zu stehen, die in den Ereignissen der Jahre 1848/49 ihre stärksten Wurzeln hatte, waren doch Karl Marx (1818–1883) und Friedrich Engels (1820–1895) als vermeintliche Ahnherren dieses deutschen Staates unmittelbar in diese Ereignisse involviert.

Im Rahmen meiner bescheidenen Möglichkeiten möchte ich, ein Amateurhistoriker, ein wenig dazu beitragen, die Geschehnisse der Jahre 1848/49 zu beleuchten. Dabei habe ich mich allerdings einer Beschränkung unterworfen: Wissend, dass die zentralen Orte, die über Erfolg oder Misserfolg der Revolution entschieden haben, Metropolen wie Berlin, Frankfurt sowie Wien waren, sind diese nicht die Städte, auf die ich mein Augenmerk vorrangig gerichtet habe. Der Tatsache Rechnung tragend, dass es auch in den heutigen Städten Wuppertal und Solingen, also den damaligen industriellen Zentren der Rheinprovinz, in denen die Arbeiterschaft unter besonders prekären Bedingungen ihr Leben fristete, zu Volksversammlungen und Aufständen kam, wollte ich mehr darüber erfahren. Zu den Fragen, die ich mir stellte und nun auch Ihnen zu beantworten versuche, gehörten die folgenden: Welche Bedeutung hatte dieses überregionale Geschehen auf das Bergische Land insgesamt? Waren die Menschen in anderen hiesigen Städten und Gemeinden beteiligt, gegebenenfalls in welcher Weise? Welche Impulse gingen von jener rechtsrheinischen Region des Mittelgebirges aus, die heute die Städte Leverkusen, Remscheid, Solingen und Wuppertal, den Kreis Mettmann, den Oberbergischen, den Rheinisch-Bergischen Kreis sowie Teile des Rhein-Sieg-Kreises umfasst? Welche in diesen Raum hineingetragenen Ideen hatten Einfluss auf das hiesige Leben?

Es versteht sich von selbst, dass sich regionale und lokale Ereignisse nicht mitteilen und deuten lassen, ohne sie in ihrem Geflecht mit der Deutschen Revolution in ihrer Gesamtheit zu sehen. Was mir zu berichten wert erschien, ist soweit wie möglich chronologisch dargestellt.

Ich lade Sie ein zu einer Reise in eine geschichtliche Phase des Bergischen Landes, die meines Erachtens bisher zu wenig beleuchtet wurde.

Solingen, im Dezember 2021 Olaf Link

Einleitung

Wer der jungen Geschichte der Demokratie in Deutschland nachspüren will, kommt an der Befassung mit der Revolution von 1848/1849 nicht vorbei. Hören oder lesen wir von einstigen Revolutionen, so erblicken wir vor unserem inneren Auge vermutlich mit Pistolen, Stöcken, Sensen, Äxten und Mistgabeln bewaffnete Menschenmassen, die gegen die Herrschenden aufbegehren und einen Zustand gesellschaftlicher Unsicherheit provozieren. Freilich gab es im Rahmen der Revolution von 1848/49 auch von Gewalt gekennzeichnete Handlungen. Den Blick aber einzig auf diese die Aufmerksamkeit in besonderer Weise erregenden Aktionen zu richten, würde einer kritischen Auseinandersetzung mit den bald 170 Jahre zurückliegenden Ereignissen nicht gerecht. Die Anwendung physischer Gewalt wäre den meisten Vorkämpfern, Ideengebern und Anführern nicht in den Sinn gekommen. Durch Grausamkeiten gekennzeichnete Phasen waren von kurzer Dauer und können nur als ein Aspekt unter vielen der gesamten komplexen Begebenheit verstanden werden, die wir „Deutsche Revolution“ nennen.

Studiert man die schriftlichen Zeugnisse jener Zeit, so kam es im Bergischen Land, wie auch in den anderen Regionen Deutschlands, in den Wirtshäusern als den beliebtesten Stätten öffentlicher Kommunikation zu erregten Diskussionen, die wohl zielführender waren als das, was „Stammtischbrüder“ unserer Tage im Bierdunst oder in den sogenannten sozialen Netzwerken von sich geben.

Auch Straßen und Plätze noch in den kleinsten Dörfern und Gemeinden dienten als Räume öffentlicher Meinungsbildung und Versammlungen. Hier wurden Resolutionen verfasst und verabschiedet, Handlungsstrategien vereinbart.

Wenn wir uns im Folgenden den Geschehnissen im Bergischen Land während der Jahre 1848 und 1849 widmen, wird deutlich werden, dass es in dieser Region zwischen Rhein, Ruhr, Wupper und Sieg wie überall nicht die am unteren Rande der sozialen Hierarchie Stehenden waren, die die Revolution anführten. Protagonisten waren zumeist solche, die als etabliert galten und bereits vor Ausbruch der Revolution allgemeine Anerkennung erfuhren, mancherorts Mitglieder der Stadt- und Gemeinderäte, nicht selten auch Bürgermeister, die sich für mehr politische Freiheiten und demokratische Strukturen einsetzten und die diesbezüglichen Debatten auch in die Rathäuser hineintrugen.

Zur vorrevolutionären Situation

Wandel zur industriellen Produktionsweise

Die drei der „Deutschen Revolution" vorausgegangenen Jahrzehnte waren gekennzeichnet durch einen sich beschleunigenden Wandel von einer durch Landwirtschaft, Handwerk und Manufaktur bestimmten Produktionsweise zu einer industriellen. Dieser technisch-wirtschaftliche Prozess, den man, während man die „Deutsche Revolution" gern vergessen machen möchte, umso lieber als „Industrielle Revolution" bezeichnet, war im Bergischen Land besonders intensiv spürbar, gehörte es mit seiner exportstarken Textil- und Kleineisenfabrikation doch zu den herausragenden Gewerbegebieten. Das in den bergischen Städten angesiedelte Bürgertum war infolge des wirtschaftlichen Aufstiegs während des 18. Jahrhunderts zu einigem Reichtum gekommen, beklagte nun aber einen Modernisierungsstau im Bereich der Ökonomie.

Wo Reichtum sich bildete, breitete sich im selben Prozess auch Armut aus. Von den knapp zwanzig Prozent der Bevölkerung des Deutschen Bundes, die in Handwerksbetrieben tätig waren, wurden zwei Drittel, insbesondere Webereien und Spinnereien sowie Schneidereien, durch die industrielle Massenproduktion in den Ruin getrieben. Gemeinsam mit den Arbeitern, dem Hausgesinde und den Dienstboten wussten sie kaum ihre Existenz zu sichern.

Die Französische Revolution des Jahres 1789 politisierte in der Folgezeit auch die Menschen in den benachbarten Ländern Europas, denen sich nun eine Alternative zu den politischen und sozialen Verhältnissen in ihren absolutistisch bestimmten Gesellschaften zeigte. Friedrich Hölderlin, einer der bedeutendsten Lyriker deutscher Sprache, war während seiner Studienzeit ein glühender Verfechter dieser Revolution, feierte sie als Offenbarung des Göttlichen. Der Dichter Friedrich Gottlieb Klopstock schrieb zwischen 1790 und 1799 gleich sechs Oden zur Französischen Revolution. In seinem Traktat „Zum ewigen Frieden“ aus dem Jahr 1795 plädierte der Philosoph Immanuel Kant für eine Staatsform, die sich an der französischen orientieren sollte.

Österreich und Preußen hatten Angst, die 1789 in Frankreich begonnene Revolution könne sich europaweit ausbreiten, die Abschaffung des absolutistischen Feudalsystems auch in ihren Herrschaftsgebieten zur Forderung erhoben werden, Ideen der Aufklärung wie die der allen Subjekten gleichermaßen zustehenden Menschenrechte in die Köpfe der Untertanen einwandern. Deshalb zogen sie 1792 gegen die Erste Französische Republik in den Krieg. Deren Armee okkupierte in der Gegenoffensive vier Jahre später Teile des Rheinlandes. Handel und Gewerbe des Bergischen Landes erfuhren eine bevorzugte Behandlung beim Export ihrer Waren in das Land ihres Besatzers, zumal die französische Wirtschaft noch unter den Folgen der Revolutionswirren zu leiden hatte.

Die in Solingen angefertigten Stahlwaren waren in dem Nachbarland so begehrt, dass die dortige Regierung zum Ende des 18. Jahrhunderts in Erwägung zog, Schmiede, Schleifer, Härter und Reider aus der bergischen Stadt an der Wupper nach Frankreich umzusiedeln.

Auf von den bergischen Unternehmern eingeführte Rohstoffe wurden keine Zölle erhoben, was ihnen einen beachtlichen Vorteil gegenüber der Konkurrenz in den nahegelegenen Regionen des einstigen Kurkölns sowie um Jülich einbrachte.

Zu einem mäßigen Einbruch der Konjunktur kam es erstmals im Jahre 1801, als die für das Bergische Land geltenden privilegierten Zolltarife abgeschafft wurden. Härter schon trafen die bergische Wirtschaft die 1806 in Kraft getretenen Zollbestimmungen, die Importe nach Frankreich sehr stark einschränkten. Diese Minderung der Ausfuhrmöglichkeiten fiel in jene Phase, in der Napoleon aus dem alten Herzogtum Berg und den rechtsrheinischen Gebieten das Großherzogtum Berg konstituierte, einen französischen Satellitenstaat, dessen Verwaltung er zunächst seinem Schwager Joachim Murat übertrug, der in Schloss Benrath in Düsseldorf residierte. Als dieser zwei Jahre später König von Neapel wurde, regierte Napoleon I. selbst das Großherzogtum von Paris aus. Erst die ab November desselben Jahres geltende Kontinentalsperre, eine von Kaiser Napoleon I. verfügte, gegen Großbritannien gerichtete und bis ins Jahr 1811 andauernde Wirtschaftsblockade, wirkte sich für Handel und Gewerbe des Bergischen Landes wieder vorteilhaft aus.

Veränderungen durch den „Code Civil“

Die von Napoleon I. veranlasste Einteilung des annektierten Rheinlands in Départements brachte die Vielzahl kleiner Herrschaften, Grafschaften, Herzog- und Fürstentümer zum Verschwinden. Der seit dem Mittelalter etablierte Ständestaat war passé. Der am 21. März 1804 in Kraft getretene Code Civil, ein das Zivilrecht regelndes Gesetzbuch, das auch im Bergischen Land galt, ersetzte die zuvor geltenden unterschiedlichen Territorialrechte. Mit der Abschaffung der Zünfte und der Verkündung der Gewerbefreiheit wurde die Ökonomie liberalisiert.

Das Rheinland hatte während der Besatzungszeit die Errungenschaften der französischen Revolution zum Teil selbst er-

Abb. 1: Die große Völkerschlacht bei Leipzig

lebt, und zwar als durchaus positiv. Das galt ganz besonders für die Städte des Bergischen Landes.

Nach der Niederlage der napoleonischen Truppen im Russlandfeldzug 1812, spätestens der vom 16. bis 19. Oktober 1813 dauernden Völkerschlacht bei Leipzig, war es um die französische Herrschaft im Rheinland geschehen. Aufgrund zunehmender wirtschaftlicher Not richtete sich die Stimmung der dortigen Bevölkerung gegen die Besatzer. Im Bergischen Land, insbesondere in Ronsdorf, anschließend in Elberfeld, Gummersbach, Solingen, Velbert und Wipperfürth, kam es zu Aufständen. Junge Männer, die von Frankreich zum Kriegsdienst einberufen wurden, entzogen sich dem Zugriff der Okkupanten. Bevor russische Truppen, die mit den Alliierten Preußen, Österreich, und Schweden gegen die napoleonische Armee kämpften, am 10. November 1813 in Düsseldorf einmarschierten, hatten die Franzosen das Großherzogtum Berg bereits verlassen. Dieses wurde vom Wiener Kongress, der sich in der Zeit vom 18. September 1814 bis zum 9. Juni 1815 ereignete, dem Königreich Preußen unter Friedrich Wilhelm III. zugeschlagen und bildete fortan die Provinz Jülich-Kleve-Berg.

Während es in Frankreich zur Restauration kam, viele im Zuge der Revolution und deren Folge durchgesetzte Errungenschaften zurückgenommen wurden, blieben im Bergischen Land die meisten von den französischen Besatzern eingeführten Rechte bestehen, so das Zivil- und Handelsrecht und die Gemeindeverfassung, die den Städten und Gemeinden eine relative Autonomie einräumte. Auf der Basis dieser Rechte kam es zu weiteren Reformen zum Vorteil der hiesigen Wirtschaft. Mit der Erweiterung wirtschaftlicher ging die politischer Rechte des aufstrebenden Bürgertums nicht einher. Gleichwohl hatte die Idee bürgerlicher Freiheit in die politischen Überlegungen des bergischen Bürgertums Eingang gefunden.

Der einem ursprünglich in der Schweiz ansässigen Adelsgeschlecht entstammende Hector Sprecher von Bernegg verglich in einer 1887 verfassten Schrift die Ruhrregion des Jahres 1820 mit der des Bergischen Landes: „1820 liegt das große Ruhrkohlenbecken noch vor seiner Erschließung und auch seine Städte haben noch eine stets auch Ackerbau treibende Einwohnerschaft, wie Dortmund, Essen, Bochum. Die ‚Fabrikatur' des Kreises Bochum fing z. B. erst südlich der Ruhr an, und die Industrie des Kreises Dortmund war nicht von Bedeutung. Das Bergische Land hat dagegen eine große Bevölkerungsdichte mit den Brennpunkten des gewerblichen Lebens in Elberfeld, Barmen, Solingen, Remscheid, Lennep, dem bergischen Industriegebiet, zudem noch in günstiger Verkehrslage, gemessen an großen Wirtschaftsräumen."

Im Sommer 1822 wurde die Provinz Jülich-Kleve-Berg mit dem Großherzogtum Niederrhein zu den Rheinprovinzen vereinigt. Ab Mai 1830 kam der Singular „Rheinprovinz" in Gebrauch.

Der Fortschritt innerhalb der ökonomischen Sphäre konnte nicht ohne Folgen für Staat und Gesellschaft als Ganzes bleiben. In der Hoffnung, in den Städten ihr Glück machen zu können, siedelten immer mehr brotlos gewordene Bauern und Handwerker, nicht nur des Bergischen Landes, in die Städte um, die aufgrund des immensen Bevölkerungswachstums bald aus den Fugen gerieten. Längst gab es nicht genügend Arbeit für alle Neuankömmlinge, und wer solche fand, durfte aufgrund des Überangebots an Arbeitswilligen nur mit geringer Entlohnung rechnen. Knappheit an Wohnungen führte zu Immobilienspekulationen.

Armut entwickelt sich zu einem Massenphänomen

Zahlreiche bisher selbständige Handwerker und in der Landwirtschaft Tätige mussten mit ihren Familien den Abstieg bis hin zur niedrigsten sozialen Stufe vollziehen. So bildeten sich Elend und Armut zu einem Massenphänomen heraus, während eine kleine Minderheit von der expansiven Phase der Wirtschaft profitierte.

Als die bergische Bevölkerung von der Niederlage der Grande Armée in Russland erfuhr, waren es im Januar und Februar 1813 mit Elberfeld, Remscheid und Solingen die von Armut und Elend am deutlichsten betroffenen Industriezentren, in denen sich die allgemeine Unzufriedenheit in Aufständen Bahn brach, die erst durch militärische Interventionen, Haftstrafen oder gar standrechtliche Erschießungen der Anführer zum Erliegen kamen.

Nachdem Preußen und Russland am 26. Februar 1813 eine Koalition gegen Napoleon geschlossen hatten, hoffte man auch im Großherzogtum Berg auf eine Befreiung von den französischen Besatzern, zu der es am 10. November 1813 mit dem Einzug russischer Truppen in Düsseldorf auch kam.

Unter Heinrich Friedrich Karl Reichsfreiherr vom und zum Stein wurde zur Verwaltung sämtlicher vordem von Napoleon besetzter Gebiete ein Zentralverwaltungsdepartement eingesetzt, dessen Untergliederung, das Generalgouvernement Berg, unter Führung des Preußischen Geheimen Staatsrates Justus Gruner stand, bis im Februar 1814 Friedrich Alexander zu Solms-Hohensolms-Lich dessen Aufgaben übernahm.

Verwaltungsveränderungen im Bergischen Land

Mit den Worten „Ich trete mit Vertrauen unter euch, gebe euch eurem deutschen Vaterlande, einem alten deutschen Fürstenstamme wieder und nenne euch Preußen“ richtete sich König Wilhelm III. am 5. April 1815 an die Menschen in den Herzogtümern Jülich und Berg sowie Westfalen, in Kurköln und Kurtrier, die er im Rahmen des Wiener Kongresses zugesprochen bekommen hatte. Am 9. November desselben Jahres entstand die Provinz Jülich-Kleve-Berg unter dem Oberpräsidenten Johann August Sack in Düsseldorf.

In den folgenden Jahren kam es im Bergischen Land zu weiteren Veränderungen von Verwaltungseinheiten. So wurde im April 1816 aus den Bürgermeistereien Angermund, Benrath, Gerresheim, Hilden, Hubbelrath, Kaiserswerth, Ratingen, Mintard und Ratingen der Landkreis Düsseldorf gebildet, vier Jahre später mit dem Stadtkreis Düsseldorf vereinigt.

Abb. 2: König Friedrich Wilhelm III. von Preußen

Das Zollgesetz vom 26. Mai 1818 fasste das Rheinland, Westfalen und die schon vor dem Reichsdeputationshauptschluss zu Preußen zählenden Regionen zu einem Zollgebiet zusammen.

Am 19. November 1818 verfügte König Friedrich Wilhelm III. für das einstige Großherzogtum Berg die Beibehaltung des auf den Code Civil zurückgehenden Rechts. Mehr politische Rechte des hiesigen Bürgertums gingen damit, wie bereits erwähnt, nicht einher. Am 27. März 1824 wurde für die Rheinprovinz gar die Wiedereinführung der Ständeordnung bestimmt. Zum ersten Stand zählten Fürsten wie die von Hatzfeld-Wildenburg (u. a. Schloss Kalkum und Rittersitz Groß-Winkelhausen bei Düsseldorf sowie Haus Morp in Erkrath) und von Wied-Neuwied im Bereich des Westerwaldes. Fürst Johann August Karl zu Wied wurde zum Ersten Landtagsmarschall bestimmt. Die Besitzer eines landtagsfähigen Ritterguts, die den zweiten Stand bildeten, durften ebenso wie der aus den Städten gebildete dritte Stand jeweils 25 Abgeordnete wählen. Auch Letztgenannte mussten Grund und Boden ihr Eigen nennen. Im Landtag gestellte Anträge benötigten die Zustimmung von zwei Dritteln der Abgeordneten, die über den Verlauf der Sitzungen, zu denen Öffentlichkeit nicht zugelassen war, striktes Stillschweigen zu bewahren hatten.

Das Wahlrecht

Die unteren Klassen waren, bis hinunter auf die Gemeindeebene, von der Mitwirkung am politischen Geschehen ausgeschlossen. Wahlrecht stand nur dem zu, der eine festgesetzte Mindeststeuer zu zahlen hatte. Da die Grundsteuer, nicht aber die Gewerbesteuer dabei Berücksichtigung fand, waren nicht nur Arbeiter, sondern auch Handwerker und die meisten Händler und Gewerbetreibenden vom Wahlrecht ausgeschlossen. Unter den Begriff „Arbeiter" subsumierte man zu jener Zeit nicht nur das Industrieproletariat, sondern auch Gehilfen, Gesellen und Tagelöhner, eben alle, die auf den Verkauf ihrer Arbeitskraft angewiesen waren.

Wenn auch aus unterschiedlichen Gründen, bildete sich innerhalb der bergischen Bevölkerung, insbesondere der der Industriezentren, ein weit verbreiteter Unmut bezüglich der gesellschaftlichen und politischen Verhältnisse heraus, der sich insbesondere in Elberfeld, dem Zentrum der Textilindustrie, sowie Solingen, dem der Stahlwarenindustrie, zeigte.

Aber auch in dem für seine Tuchproduktion bekannten Lennep und in Remscheid, wo sich neben der Sensenproduktion eine Werkzeugindustrie entwickelte, in der Weberstadt Mettmann sowie Velbert und Heiligenhaus mit der Produktion von Schlüsseln, Schlössern und Beschlägen, wurden Teile des zu einigem Wohlstand gelangte Bürgertums, der Gewerbetreibenden und der Arbeiter immer unzufriedener mit der Verfassung von Staat und Gesellschaft.

Auswüchse des Frühkapitalismus – Trucksystem

In den bergischen Wirtschaftszentren Elberfeld, Barmen, Lennep, Remscheid und Solingen setzte die Industrialisierung früher ein als in anderen deutschen Regionen. Hier waren die Auswüchse des Frühkapitalismus besonders ausgeprägt zu erleben: Kinder- und Frauenarbeit, Arbeitszeit bis zu 16 Stunden inklusive Nachtarbeit. Da in vielen Betrieben die menschliche Arbeitskraft durch Maschinen ersetzt wurde, kam es vermehrt zu Arbeitslosigkeit. Wer darauf angewiesen war, seine Arbeitskraft zu verkaufen, musste sich wegen deren Überangebot mit geringem Lohn zufriedengeben. Nicht wenige Menschen trieb das Elend in Alkoholismus oder Kriminalität.

Insbesondere übermäßiger Alkoholkonsum machte sich in der Arbeiterschaft breit. Nachdem ein 39 Jahre alter Familienvater, der Frau und sechs Kinder mit seinem Lohne hätte ernähren sollen, ins Solinger Rathaus bestellt worden war, gab er dort zu Protokoll: „Es ist wahr, dass ich dann und wann betrunken bin, es ist auch wahr, dass mein Miethsherr in den letzten Tagen das Fenster aus der Wohnstube genommen hat, weil ich die Miethe nicht bezahlt hatte, und wir die Nacht in der Stube ohne Fenster verbringen mussten, ebenso dass ich noch Geld hatte, dieses jedoch bei mir behielt und

Abb. 3: Solingen, um 1850

weder die Miethe bezahlte noch meinen Kindern zu essen gab. Ich verspreche jedoch hiermit, dass ich von jetzt ab das Schnapstrinken aufgeben werde und meine Familie redlich ernähren will und bitte deshalb dieses mal noch keine Untersuchung dieserhalb gegen mich einzuleiten."

Dass durch das sogenannte „Preußische Regulativ" von 1839 die Arbeit von Kindern unter neun Jahren verboten, der Einsatz Jugendlicher auf maximal 10 Stunden pro Tag begrenzt wurde, war nicht etwa humanitären, sondern einzig militärischen Gründen geschuldet, hatte Heinrich Wilhelm von Horn, Generalleutnant der Preußischen Armee, doch bereits im Jahr 1828 König Friedrich Wilhelm III. eindringlich gewarnt: „Im Rheinlande kann infolge der Ausbeutung der jugendlichen Arbeiter und der dadurch verursachten körperlichen Entartung der Bevölkerung das erforderliche Truppenkontingent nicht mehr aufgebracht werden."

In Solingen gab es für die Arbeiter neben dem allgemeinen Elend ein weiteres Problem, das Widerspenstigkeit der Arbeiter hervorrief: das Trucksystem, abgeleitet vom englischen „to truck", was „tauschen" bedeutet. Hierunter verstand man die Entlohnung der Arbeiter durch Waren, bei denen es sich bestenfalls um Lebensmittel, häufig allerdings um für die Subsistenz nutzlose Dinge handelte. Diese bei Fabrikanten der Klingenstadt beliebte Art der Entlohnung hatte bereits 1826 zu Streiks der Schleifer geführt. Als die im Kreis Solingen gelegene knapp 5000 Einwohnerinnen und Einwohner zählende Bürgermeisterei Dorp sich im Jahr 1837 an den Preußenkönig Friedrich Wilhelm III. wandte und ihn ersuchte, eine Abschaffung des Trucksystems zu veranlassen, wurde diese Bitte mit Schreiben vom 14. März negativ beschieden, wenn der König auch einräumte, dass die Entlohnung mit Waren von Fabrikherren missbräuchlich durchgeführt werden könnte.

Da der Unzufriedenheit großer Bevölkerungsteile auch im rheinischen und bergischen Karneval Ausdruck verliehen wurde, kam es 1828 zu einem mehrjährigen Verbot durch die preußische Regierung.

Die ersten Demonstrationen

Im August 1830 wurde in Köln auf Flugblättern dazu aufgefordert, den Parisern nachzueifern, die am 27. Juli König Karl X. gestürzt und eine konstitutionelle Monarchie mit dem sogenannten „Bürgerkönig" Louis-Philippe I. errichtet hatten, ja, sich mit Frankreich zu vereinigen. Am 29. des Monats kam es zu einer Demonstration auf dem Neumarkt. Die Angst vor anhaltenden Unruhen rief das gehobene Bürgertum auf den Plan, das auf Initiative von Peter Heinrich Merkens, des Gründers der Preußische-Rheinischen Dampfschifffahrtsgesellschaft, im Rathaus über geeignete Gegenmaßnahmen beriet. So erfolgte die Errichtung einer Bürgerwehr, die wohl auch deshalb die Zustimmung des Rates fand, weil die in Köln stationierte Garnison sich im Manöver in und um Koblenz befand. Am Abend des 31. August ging ein weiterer Aufmarsch der ärmsten Bevölkerungsteile vonstatten. Die befürchteten gewaltsamen Ausschreitungen aber blieben aus.

Auch die gegen König Wilhelm I. sich richtende Revolution in Belgien wurde in der Rheinprovinz mit einiger Sympathie aufgenommen. Nicht wenige junge Männer machten sich von dort auf nach Brüssel, um den Umsturz zu unterstützen.

Gab es in Deutschland vor der Wende zum 19. Jahrhundert noch etwa 1800 Zollgrenzen, so machte die ökonomische Entwicklung eine Vereinheitlichung der steuerlichen Bestimmungen zwingend, was mit Beginn des Jahres 1834 zum Zollverein und damit zur Aufhebung von Zollgrenzen wie der zwischen der Rheinprovinz und der bayrischen Pfalz führte.

Verbesserung der Verkehrswege

Die Verkehrswege zwischen den einzelnen Handel miteinander treibenden Regionen entsprachen längst nicht mehr den Anforderungen. Kaufleute aus Elberfeld und Köln waren die ersten, die sich Gedanken bezüglich einer Verlagerung des Frachtverkehrs weg von Fuhrwerken und hin auf Schienen machten.

Zunächst aber geriet die Rheinschifffahrt in den Fokus des Interesses des bergischen Unternehmertums. Der kleine Hafen in dem heute zu Leverkusen zählenden Hitdorf sowie die großen Häfen in Düsseldorf und Duisburg hatten für den Import, mehr noch den Export von Gütern an Bedeutung gewonnen. In Düsseldorf wurde am 22. September 1836 von der dortigen sowie der Elberfelder Handelskammer eine Dampfschifffahrtsgesellschaft für den Nieder- und Mittelrhein gegründet, eine Aktiengesellschaft, die u. a. auf eine Initiative des Elberfelder Unternehmers Daniel von der Heydt, dem Bruder des späteren Handels- und Finanzministers August von der Heydt, zurückging.

Der Ausbau von Schienen für den Eisenbahnverkehr begann am 9. April 1838 mit einer kaum mehr als acht Kilometer langen Strecke zwischen Erkrath und Düsseldorf, die am 20. Dezember desselben Jahres für den Transport von Gütern in Betrieb genommen wurde. Der Zielbahnhof lag nahe dem südlichen Ende der heutigen Königsallee. Fortgeführt wurde die Bahnstrecke von Erkrath nach dem gut 12 Kilometer entfernt gelegenen Vohwinkel, das sich durch den am 10. April 1841 begonnenen Eisenbahnverkehr erst zu einer Siedlung größeren Ausmaßes entwickelt hatte und heute ein Stadtteil Wuppertals ist. Der letzte Bauabschnitt von knapp 6 Kilometern führte nach Steinbeck, vor dem Zentrum Elberfelds gelegen, und war am 3. September 1841 fertiggestellt. Anfang Dezember wurde die gesamte Strecke von der Düsseldorf-Elberfelder Eisenbahn-Gesellschaft auch für den Personenverkehr freigegeben.

Zwei Jahre später eröffnete die Rheinische Eisenbahngesellschaft die Strecke von Köln nach Antwerpen, dessen Hafen durch die Westerschelde, einen Arm der Nordsee, auch von Seeschiffen angefahren werden konnte.

Die Cöln-Mindener Eisenbahn-Gesellschaft nahm am 18. Dezember 1843 den Schienenverkehr von Deutz nach Düsseldorf, von dort in die Kohleregionen Duisburg, Oberhausen, Essen, Gelsenkirchen und Dortmund auf, von wo die mehr als 260 Kilometer lange Strecke über Hamm und Bielefeld bis nach Minden weitergeführt wurde. Gleichzeitig wurde von Minden aus auch der Eisenbahnverkehr nach Hannover in Betrieb genommen, für den die Königlich Hannoverschen Staatseisenbahnen verantwortlich waren._Die Bergisch-Märkische Eisenbahngesellschaft ließ wenig später Züge von Elberfeld-Döppersberg über Hagen bis nach Dortmund fahren.

Da für den Bau all dieser Eisenbahnlinien viele Arbeiter auch aus anderen Regionen angeworben wurden, fristeten diese nach Fertigstellung des Projektes an deren Wegstrecken zumeist ein Leben als Tagelöhner oder Bettler.

Ohne die infolge des Eisenbahnnetzes ermöglichten sozialen Verknüpfungen hätte es allenfalls vereinzelte örtliche oder regionale Erhebungen gegeben, keine Deutsche Revolution, wie sie sich in den Jahren 1848/49 ereignete.

Die rasant fortschreitende Entwicklung auf technischem Gebiet, die auch durch den Ausbau eines Schienennetzes zum Ausdruck kam, darf nicht darüber hinwegtäuschen, dass im Bergischen Land über viele Jahrzehnte hinweg zumeist noch Pferdefuhrwerke als Transportmittel dienten und das Gros der bergischen Bevölkerung, das seinen Lebensunterhalt durch Arbeit sicherstellte, in sehr bescheidenen Verhältnissen lebte.

In seiner 1838 publizierten „Statistischen Übersicht der wichtigsten Gegenstände des Verkehrs und Verbrauchs im preußischen Staate und im deutschen Zollverband" schrieb der Nationalökonom Carl Friedrich Wilhelm Dieterici: „Die Nation ist noch lange nicht reich genug, damit jedermann stets in ledernen Schuhen und Stiefeln gehen könne. Vielfach geht der Landmann barfuß; wie in Frankreich werden in Westfalen und anderen Gegenden Holzschuhe getragen, welche die Stelle des ledernen Schuhwerkes vertreten müssen." Das Tragen von Holzschuhen war auch im Bergischen Land, wo sie als Blotschen oder Klompen bezeichnet wurden, weit verbreitet. Selbst in Düsseldorf, das in gewisser Weise immer noch Residenzstadt war, befand sich dort doch das bergische Zentralverwaltungsdepartement, gehörten die meisten Bewohner der Unterschicht an, fristeten ihr ärmliches Leben als Handwerksgesellen, Haushälterinnen, Dienstboten oder Tagelöhner.

Abb. 4: Carl Friedrich Wilhelm Dieterici

Entwicklung der oppositionellen Haltung

Anlässlich des 7. Rheinischen Provinziallandtages am 8. Juli 1843 hatte die preußische Staatsregierung einen Entwurf für ein neues Strafgesetzbuch vorgelegt, das beraten und wegen seiner Rückschrittlichkeit gegenüber dem bislang im Rheinland geltenden Recht abgelehnt wurde. Dieser couragierte Schritt gegen den König stieß in Düsseldorf wie in den anderen Städten des Bergischen Landes auf spontane Begeisterungsbekundungen, wie überhaupt eine oppositionelle Haltung sich immer mehr Bahn brach.

Schon zwei Monate vor dem berichteten Ereignis schrieb Wilhelm Weitling, der laut Friedrich Engels „als Begründer des deutschen Kommunismus anzusehen ist": „Mit großen Begebenheiten schwanger, türmen sich die Wetterwolken der Zeit in der Mitte des 19. Jahrhunderts zusammen, und der

Hauch der Freiheit sucht in der erstickenden Schwüle dieser Batzenwelt und in den verpestenden Dünsten ihrer Verdorbenheit unruhig nach einer erquickenden Luftströmung und horcht mit gespannter Erwartung dem noch leisen Rieseln des versteckten Quelles der Wahrheit entgegen."

Wilhelm Weitling, 1808 als Kind eines Dienstmädchens und eines französischen Soldaten unehelich geboren, publizierte unter dem Titel „Der Hülferuf der deutschen Jugend", eine Schrift, in der zu lesen steht: „Die große Mehrheit der arbeitenden Klassen hatte ein bleiches, abgemagertes, hohläugiges Aussehen, denn alle waren durch eine gezwungene, widernatürliche Lebensweise vielen Krankheiten des Körpers und des Geistes unterworfen, und wurden ihres Lebens wenig froh."

Hinsichtlich dieser Klassen äußerte sich Preußenkönig Friedrich Wilhelm IV. am 13. November 1843 wie folgt: „Ich habe wahrgenommen, dass den verwahrlosten oder der nötigen Aufsicht entbehrenden Kindern, den durch Krankheit oder andere Unglücksfälle in Hilfsbedürftigkeit geratenen Armen, den entlassenen, der Besserung fähigen Verbrechern etc. an sehr vielen Orten nicht diejenige Fürsorge gewidmet wird, welche dringend notwendig ist, um den großen Üblen zu steuern, welche aus der Vernachlässigung der Jugend in den niedern Volksklassen, dem Pauperismus und der Hilflosigkeit entlassener Sträflinge etc. hervorgehen. Abhilfe ist hier nur durch Vereinigung vieler, aus innerem Antriebe wirkender Kräfte zu beschaffen, und es ist daher Mein Wille, dass die mit der Verwaltung und Beaufsichtigung des Armenwesens beauftragten Behörden die Förderung und Unterstützung von Vereinen, die zu jenen Zwecken freiwillig zusammentreten, auf alle Weise sich angelegen sein lassen, und dieses hinführo als eine ihrer Amtspflichten erkennen."

An Fürsorge mangelte es jedoch nicht nur armen Kindern und aus der Haft entlassenen Sträflingen. Die arbeitende Bevölkerung war um des Überlebens willen gezwungen, ihre Arbeitskraft lebenslang zu Markte zu tragen. Auf den Verkauf seiner Arbeitskraft angewiesen, stand der Arbeiter im Falle von Krankheiten und Unfällen, oftmals Folge miserabler Arbeitsbedingungen, ohne Einkommen dar. Wer aufgrund altersbedingter Gebrechen nicht mehr einsatzfähig war, hatte sich ebenfalls auf Not und Elend einzustellen.

Abb. 5: Julius Baedeker

In Elberfeld brachte der Buchhändler Julius Baedeker im Jahr 1845 eine Zeitschrift heraus, die den langen Namen „Gesellschaftsspiegel. Organ zur Vertretung der besitzlosen Volksklassen und zur Beleuchtung der gesellschaftlichen Zustände der Gegenwart“ trug und den unteren Klassen eine Stimme verleihen sollte. Autoren der bereits nach zwölf Ausgaben wieder eingestellten Publikation waren u. a. der Philosoph Moses Hess und der Schriftsteller Georg Weerth, gelegentlich auch Karl Marx sowie Friedrich Engels.

Seine Beobachtungen in Barmen veranlassten Friedrich Engels im Oktober 1844, Karl Marx das Folgende zu berichten: „Die Straßen sind bei Abend sehr unsicher, die Bourgeoisie wird geprügelt und mit Messern gestochen und beraubt; und wenn die hiesigen Proletarier sich nach denselben Gesetzen entwickeln wie die englischen, so werden sie bald einsehen, dass diese Manier, als Individuen und gewaltsam gegen die soziale Ordnung zu protestieren, nutzlos ist, und als Menschen in ihrer allgemeinen Kapazität durch den Kommunismus protestieren. Wenn man den Kerls nur den Weg zeigen könnte! Aber das ist unmöglich.“ Seine Einschätzung bezüglich der im Tal der Wupper niedergelassenen Fabrikbesitzer kommt in dem exemplarisch zum Ausdruck, was er vier Jahre zuvor niederschrieb: „Die reichen Fabrikanten aber haben ein weites Gewissen, und ein Kind mehr oder weniger verkommen zu lassen, bringt keine Pietistenseele in die Hölle, besonders, wenn sie alle Sonntage zweimal in die Kirche geht.“

In Ratingen, wo Johann Gottfried Brügelmann bereits zum Ende des 18. Jahrhunderts die erste industriell betriebene Baumwollspinnerei und Weberei des europäischen Kontinents betrieb, wurde aus Angst vor Unruhen der mehr als 300 Arbeiter am 6. Juni 1844 eine Fabrikordnung erlassen, in der es unter anderem hieß: „Komplotte der Arbeiter sowie Aufhetzungen u. Anreizungen zum Ungehorsam, zum Austritt aus der Arbeit sind streng verboten, und haben die Zuwiderhandelnden außer augenblicklicher Entlassung aus der Arbeit die gesetzliche Verfolgung zu gegenwärtigen.“

Julius von dem Bussche-Ippenburg, genannt von Kessel, seit 1836 Landrat des Landkreises Solingen, hatte mehrmals die Regierung über die Auswüchse des Frühkapitalismus innerhalb seines Verantwortungsbereichs informiert und vergeblich versucht, diese um Maßnahmen der Abhilfe zu bewegen. Immer wieder prangerte er dabei auch das bereits erwähnte Trucksystem an, ein Spezifikum innerhalb der Solinger Industrie.

Unter dem Pseudonym „Immerwahr“ schrieb der 1798 in Solingen geborene Peter Knecht in der Elberfelder Zeitung über dieses System und dessen Folgen. Knecht, selbst Fabrikant sowie Richter am „Fabrikengericht“, Mitglied des Stadtrates sowie der Handelskammer, berichtete im Elberfelder Kreisblatt vom 10. April 1845 über die „traurige Wahrheit“, dass der Konsum von Branntwein „ mit der Verarmung der Arbeiter, Hand in Hand gehend, auf eine entsetzlich schnelle Weise zugenommen hat.“

Abb. 6: Peter Knecht

Alle Interventionen gegen das Trucksystem blieben erfolglos.

Not und Elend großer Teile der bergischen Bevölkerung waren aber nicht nur Folge der Industrialisierung. Auch Launen der Natur konnten schlimme Folgen haben. Die hohe Zahl der an Flüssen und Bächen des Bergischen Landes gelegenen Hammerwerke, Schleifkotten und Mühlen mussten ihre Arbeit oft, so auch im Sommer 1842, aufgrund von Trockenheit einstellen. Aber auch vereiste Flüsse und Bäche brachten die dortige Arbeit zum Erliegen.

Der 1819 geborene Solinger Reider Gustav Tückmantel vermerkte in seinem Notizbuch: „Der Winter 1844 in 45 – Es war 6 Wochen vor Weihnachten schon zu kalt zum Schleifen und die Wupper trug schon, stand bis 8 Tag vor Weihnachten und ging ab; es war einige Tage wärmer und 3 Tage vor Weihnachten fror es wieder so, dass in den Tagen die Wupper schon wieder trug. Jetzt stand sie bis Anfangs April." War die Wupper zugefroren, war deren Wasserkraft in den Schleifkotten nicht zu nutzen.

Im Sommer des Jahres 1845 wurde in Teilen Europas ein bisher unbekannter Kartoffelpilz namens Phytophthora Infestans festgestellt, der zu erheblichen Ernteausfällen führte. Viele Bauern des Bergischen Landes vermochten selbst ihre Familien nicht ausreichend zu ernähren. Im heutigen Oberbergischen Kreis, nachweislich in Engelskirchen, Lindlar und Wipperfürth, wurde in jener Zeit in manchen bäuerlichen Haushalten Baumwolle gesponnen, um auf diese Weise Einnahmen zu erzielen. Wie in den Städten, so waren es auch in den eher ländlichen Regionen des Bergischen Landes natürlich insbesondere die Tagelöhner und deren Familien, die in wirtschaftlich äußerst angespannten Verhältnissen lebten und Hunger litten.

Einführung des Drei-Klassen-Wahlrechts

Um dem mit seinem mangelnden politischen Einfluss immer unzufriedener werdenden Bürgertum ein wenig entgegenzukommen, wurde innerhalb der Rheinprovinz mit der neuen Gemeindeordnung vom 23. Juli 1845 allen männlichen Personen, die das 24. Lebensjahr vollendet hatten und „welche im Gemeinde-Bezirke mit einem Wohnhaus angesessen sind und von ihren daselbst gelegenen Grundbesitzungen einen Haupt-Grundsteuerbetrag entrichten, dessen geringster Satz nicht unter zwei und nicht über fünf Thaler bestimmt ist", das Recht der Wahl des Gemeinderates eingeräumt. Allerdings kam es zur Einteilung von drei Wählerklassen, deren Stimmen je nach der Höhe der gezahlten Grundsteuer unterschiedlich gewichtet wurden. Bürgermeister wurden nicht gewählt, sondern von der Regierung ernannt.

Die Wahl des Kölner Stadtrates, bei der zunächst die dritte, dann die zweite und schließlich die erste Klasse ihre Stimmen abgaben, dauerte vom 7. Oktober bis 12. November 1846 und brachte mit Franz Raveaux und Carl Ludwig Johann D'Ester, einem engen Vertrauten von Karl Marx, auch zwei exponierte Vertreter der politischen Linken in den Rat. Beide waren in Köln keine Unbekannten, zählten sie doch beide zu den Mitbegründern des im Vorjahr ins Leben gerufenen Allgemeinen Hülfs- und Bildungsvereins. Sie sollten im Verlaufe der Deutschen Revolution noch wichtige Rollen spielen.

Abb. 7: Franz Raveaux

Der „Hungerwinter" und die Verteuerung der Lebensmittel

Der Hungerwinter 1846/47 brachte große Not auch für die Menschen im Bergischen Land, der sie hilflos ausgeliefert waren. Um Diebstahl oder gar Raub von Naturalien zu vermeiden, wurden in manchen Orten, so in Eller und Hilden, Nachtwächter angestellt.

Der preußische Diplomat Ferdinand Graf von Galen schien die Gefahr einer Revolution vor Augen gehabt zu haben, als er am 20. Januar 1847 schrieb: „Geistige und körperliche Armut durchziehen in fürchterlichen Gestalten Europa – die eine ohne Gott, die andere ohne Brot. Wehe, wenn sie sich die Hände reichen."

Diese beschriebene Gefahr wurde durch die Folgen der Missernte des Jahres 1846 noch gesteigert, die im gesamten Bergischen Land zu einer Erhöhung der Brotpreise führte. So verteuerte sich der Preis für Roggenbrot von Ende 1845 bis Anfang 1847 um das Doppelte. Ein Arbeiter hatte bis zu 12 Stunden zu arbeiten, um ein solches Brot kaufen zu können. Auch hinsichtlich der Kartoffeln sowie des Kaffees war eine deutliche Preissteigerung zu verzeichnen.

Diese Verteuerung führte zu einer Schwächung der Kaufkraft, unter deren Konsequenzen insbesondere die Textilindustrie im Tal der Wupper zu leiden hatte, die ihre Produktion reduzierte und zahlreiche Arbeiter entließ, was zu einer weiteren Senkung der Kaufkraft führte.

Die Zahl derer im Bergischen Land, die um des Überlebens willen gezwungen waren, ihre Arbeitskraft zu verkaufen, ohne einen Käufer zu finden, stieg beträchtlich. In Solingen soll etwa die Hälfte der Arbeiter zur „industriellen Reservearmee“ gehört haben. Durch kommunale Arbeitsbeschaffungsmaßnahmen, etwa durch Rodungsarbeiten und Straßenbau, wurde mancherorts versucht, der Verelendung Herr zu werden. Solche Maßnahmen vermochten die Not jener, die hierdurch Arbeit hatten, zeitweise zu lindern. Das Elend der Massen aber wurde damit ebenso wenig beseitigt wie durch die Einrichtung städtischer Suppenküchen.

Am 14. Januar 1848 äußerte der Düsseldorfer Oberbürgermeister Joseph von Fuchsius: „Die Lage der untersten Volksklassen in Düsseldorf nimmt mit der ganzen Teilnahme die ernsteste Sorge der Mitbürger und der Gemeindeverwaltung in Anspruch.“

Die Not, vor allem der Hunger, trieb immer mehr Menschen des Bergischen Landes dazu, in den reichlich vorhandenen Wäldern zu wildern und dort Brennholz zu besorgen, ein

Vorgehen, wie es in der Region in Krisenzeiten wohl vordem schon üblich war, notierte doch Jacques Claude Beugnot, Napoleons Statthalter im Großherzogtum Berg, bereits im Jahr 1810: „Von Lennep nach Remscheid. Ein gebirgiges Land durchquert, dem es an schönen Eindrücken nicht mangelt, wo aber die Natur einen wilden Anblick bietet. Der Boden ist hart und unfruchtbar. Die Berge sind von Zeit zu Zeit mit Ginster oder Buschwerk bedeckt, was auf früher verwüstete Wälder hinweist, wo der Pflanzenwuchs zu schwach war, um die durch die Bewohner verursachten Schäden zu beseitigen."

„Im Königsforste und anderen Waldungen werden die Frevel immer kühner", wusste Vinzenz Jakob von Zuccalmaglio nun im Jahr 1848 zu berichten und in der Kölner Zeitung war zu lesen, dass es Förstern und Waldhütern nicht mehr gelinge, Wilderei und Holzdiebstahl einzudämmen. Angesichts der möglichen Gefahr für die öffentliche Ordnung auch in den Gemeinden und Städten wurde ab Frühjahr 1848 in immer mehr Orten eine Nachtwache eingeführt.

Karl Marx und Friedrich Engels, dessen politisches Denken wesentlich durch die soziale Lage der Weber in Barmen und Elberfeld geprägt war, hatten bis Februar 1848 an ihrem Kommunistischen Manifest geschrieben, in dem sie ihr Ziel unmissverständlich formulierten: „Sturz der Bourgeoisieherrschaft, Eroberung der politischen Macht durch das Proletariat." Während sie diese Schrift verfassten, standen sie in ständigem Kontakt zu demokratisch Gesinnten sowohl aus der Arbeiterschaft als auch aus dem Bürgertum.

Wie sich in den folgenden Kapiteln zeigen wird, hatten die Emanzipationsbestrebungen der Arbeiterschaft wie in den übrigen Regionen Deutschlands, so auch im Bergischen Land, ihre Protagonisten in Intellektuellen, die dem Bürgertum entstammten.

Die Märzrevolution 1848

Zu den Ursachen

Die Revolution von 1848 ist nicht monokausal zu erklären. Zum einen hatten technische Erfindungen wie zum Beispiel diejenige des mechanischen Webstuhls (1785), der hydraulischen Presse (1796), der Hochdruck-Dampfmaschine (1800), der auf Schienen fahrenden Lokomotive (1803), des elektrischen Lichts (1808) und des Elektromotors (1821) sowie des Transformators (1831) zu gravierenden Fortschritten im Bereich der Produktion und Distribution geführt, die man als „Industrielle Revolution" bezeichnete und die das Leben der Menschen innerhalb eines halben Jahrhunderts grundlegend veränderten. Zum anderen verlor in dieser Phase, bedingt durch die einschneidenden gesellschaftlichen Veränderungen, die Ständegesellschaft die Anerkennung immer größerer Bevölkerungsteile. Je weniger eine uneingeschränkte Aufrechterhaltung der Herrschaft des Feudaladels realistisch erschien, umso mehr war dieser bemüht, seinem Herrschaftsanspruch Geltung zu verschaffen.

Diverse im Vormärz gegründete Vereine, deren satzungsgemäße Ziele in der Pflege des Chorgesangs, der Förderung sportlicher Übungen und Leistungen sowie der von Kunst, Musik und Kultur lagen, sorgten für regen Austausch der Mitglieder über die Notwendigkeit politischer Veränderungen.

In Paris kam es am 22. Februar 1848 zum Ausbruch der Revolution.

Am Abend des 25. Februar 1848 meldete die „Kölnische Zeitung", eine der führenden überregionalen Tageszeitungen der damaligen Zeit, in einer Extraausgabe von den Unruhen in Paris. Auch an den folgenden beiden Tagen waren die Geschehnisse in der französischen Metropole, in der König Louis-Philippe I. abgesetzt und die Republik proklamiert worden war, der Zeitung ein Extrablatt wert.

Wann diese Nachricht auch in den ländlichen Teilen des Bergischen Landes, in dem das Pressewesen noch unterentwickelt war, allgemeine Verbreitung fand, lässt sich nicht sagen. Sie wird aus den großen Städten innerhalb der folgenden Tage und Wochen in die Dörfer und Gehöfte gelangt sein.

Die französische Februarrevolution als Ansporn

Die französische „Februarrevolution" und die Ausrufung der Republik, die u. a. Pressefreiheit, Versammlungsfreiheit und ein allgemeines Wahlrecht mit sich brachten, wurden von der Bevölkerung innerhalb des deutschen Bundes nicht nur zur Kenntnis genommen; sie waren Ansporn, eben diesen Rechten auch diesseits des Rheins zum Durchbruch zu verhelfen.

Wenngleich der diesbezügliche Enthusiasmus in und um Freiburg, Mannheim und Rastatt weitaus größer war als in der Rheinprovinz, so dürfen wir dem Bericht des württembergischen Theologen und Historikers Wilhelm Zimmermann, der später einmal der Frankfurter Nationalversammlung angehören sollte, doch entnehmen, dass die Pariser Geschehnisse in der rheinischen Metropole Köln von vielen sogleich mit Freude aufgenommen worden sind: „Gleichheit und Brüderlichkeit! Das war für das Kölner Volk zum Entzücken, und die Marsellaise spielte in allen Kaffeehäusern mit Gesangbegleitung. Umsonst zischten andere darein und ließen zur Sühne das ‚Heil dir im Siegerkranz' spielen, aber die Musik wurde ausgepfiffen, sie musste verstummen. Betroffen, Lots Salzsäule gleich, standen die sonst sichersten und erhabensten Leute, die Kaufleute, Bankiers, die Besitzenden, die Personen feiner Bildung."

Wie in Köln, so war auch in den Städten und Gemeinden des nahen Bergischen Landes die Unzufriedenheit mit der preußischen Herrschaft, der Wille zu politischen Veränderungen groß. Nahm man die Nachricht vom Sturz der französischen Monarchie und der Ausrufung der Republik einerseits ermutigend auf, so fürchtete man sich andererseits auch vor einem Krieg, wie schon anlässlich der französischen Julirevolution von 1830 sowie der Rheinkrise 1840/41. Die Kriegsgefahr wirkte sich negativ auf die ohnehin prekäre ökonomische Lage aus, ebenso wie die offenkundige innenpolitische Krise des Staates. Beides gemeinsam führte an den Börsen zu Kursstürzen. So sah sich das Kölner Bankhaus Schaafhausen im März 1848 in einer Liquiditätskrise, bis es schließlich am 29. März keinerlei Zahlungen mehr tätigen konnte. Namhafte Unternehmer der Region, allen voran Johann Jakob Langen (1794-1869), hatten ihr Geld dieser Bank anvertraut. Deren Schließung hatte gravierende Folgen für die Wirtschaft. In den bürgerlichen Schichten kam deshalb zur allgemeinen Kriegsangst noch die vor sozialen Unruhen hinzu.

Allenthalben ging man davon aus, dass der preußische Staat auf die französische Februarrevolution innenpolitisch reagieren werde, allerdings vermochte man kaum einzuschätzen, ob er zur Abwendung vergleichbarer Erhebungen Reformen einleiten oder seine Herrschaft nun noch restriktiver zu festigen versuchen werde.

Vermehrt wurden auch im Bergischen Land Volksversammlungen einberufen, in denen man über die politische Zukunft stritt. Aus Sorge, was sich aus solchen Zusammenkünften entwickeln könnte, forderte der Regierungspräsident von Düsseldorf, Adolph Theodor Freiherr von Spiegel-Borlinghausen und zu Peckelsheim, am 1. März die Landräte auf, die Geschehnisse innerhalb ihrer Zuständigkeitsbereiche genauestens zu überwachen und alle geeigneten Mittel einzusetzen, um Ruhe und Ordnung weiterhin zu gewährleisten. Der aus Elberfeld stammende Bankier August von der Heydt, mit dem Preußenkönig befreundet, besuchte die Regierungspräsidenten von Köln und Düsseldorf am Folgetag und zeigte sich, wie er später mitteilte, „von der Kopflosigkeit der Behörden tief erschüttert."

Der Kölner Verleger katholisch geprägter Publikationen, Lambert Bachem, schrieb am 1. März an seinen Sohn Joseph: „Wir leben in einer Ruhe, welche leicht, wie mir scheint, der Vorläufer eines großen Sturmes sein könnte."

Beginn der revolutionären Unruhen

Tatsächlich konnte Bachem zwei Tage später erleben, dass die revolutionären Unruhen in seiner Heimatstadt, die nach Berlin, Hamburg, München und Breslau die fünftgrößte Stadt Deutschlands war, ihren Anfang nahmen. In den Straßen und Gassen feierten die Leute „Wieverfastelovend", als Arbeiter und Handwerker zu Aufmärschen zusammenkamen. Immerhin 5000 Personen versammelten sich bei stürmischem und regnerischem Wetter vor dem Rathaus.

Die Anführer dieser Demonstration gehörten dem Bund der Kommunisten an: der Armenarzt Andreas Gottschalk – überdurchschnittlich viele Protagonisten waren Armenärzte, die in Ausübung ihres Berufes das Elend der Arbeiterschaft kennengelernt hatten – sowie die einstigen preußischen Offiziere Carl Friedrich Theodor Annecke und Johann August

Ernst von Willich, die sich Zugang zum Ratssaal verschafften, um die Forderungen der Demonstranten zu verlesen: aktives und passives Wahlrecht, Presse- und Versammlungsfreiheit, Auflösung des stehenden Heeres und deren Ersatz in Form von Volksbewaffnung. Diese oder ähnliche Forderungen wurden bald im ganzen Lande vorgetragen.

Einiges von dem, was diese Mitglieder des Bundes der Kommunisten forderten, stimmte mit dem vom liberalen Bürgertum Beanspruchten überein. Aber mit ihren auf Basis des „Kommunistischen Manifestes" verlangten gesellschaftlichen Umwälzungen überspannten sie nach dessen Ansicht den Bogen bei Weitem. So rief Andreas Gottschalk den im Kölner Ratssaal versammelten Honoratioren entgegen, dass die Arbeiterklasse die „Sicherstellung der menschlichen Lebensbedürfnisse für Alle" und die „vollständige Erziehung der Kinder auf öffentliche Kosten" verlange.

Als vor dem Rathaus zur Sicherstellung der öffentlichen Ordnung ein Bataillon der Infanterie aufmarschierte, suchten zahlreiche der auf dem Vorplatz Versammelten Schutz im Rathaus. Angesichts dieses Menschenandrangs sahen sich zwei Ratsherren zur Flucht aus dem Fenster genötigt.

Andere Demonstranten verließen den Platz und fanden sich bald darauf im Harffschen Saal auf dem Domhof ein. Ort und Zeit dieses Treffens, zu dem neben Redakteuren der Kölnischen Zeitung auch Liberale wie die Unternehmer Gustav Mevissen und Gustav Mallinckrodt aufriefen, wurden von Mund zu Mund weitergegeben. Etwa 700 Frauen und Männer sollen sich dort versammelt haben, die in ihrer Mehrheit wohl nicht alle von Andreas Gottschalk im Ratssaal vorgebrachte Forderungen teilten, aber die unverzügliche Freilassung der zwischenzeitlich verhafteten Anführer der Demonstration verlangten.

Am 4. März meldete August Wilhelm Karl Graf von Kanitz, Kommandant der 15. Division in Köln, dem preußischen Kriegsminister Wilhelm Eigen Ludwig Ferdinand von Rohr, dass die Versammlungen bis Mitternacht „ohne erheblichen Widerstand und ohne Waffengebrauch" aufgelöst werden konnten. Angesichts des Umstandes, dass Anfang März in den Kölner Armenlisten etwa 20 000 Personen aufgeführt waren, von denen wohl die meisten für die Forderungen der Demonstranten empfänglich gewesen sein dürften, war die Angst der Regierung vor weiteren Volksversammlungen erheblich. Karl Otto von Raumer, seit 1845 Kölner Regierungspräsident und ein Repräsentant der absolutistischen Reaktion, trieb die Sorge, das Proletariat in den umliegenden Städten und Gemeinden könnte sich an den Demonstrationen in Köln ein Beispiel nehmen.

An eben jenem Tage, als es in Köln zu der Volksversammlung vor dem Rathaus kam, richtete man in Elberfeld aus dem Rathaus selbst Forderungen an den König, die sich zum Teil mit denen der Kölner Demonstranten überschnitten: Pressefreiheit, Versammlungsfreiheit, Religionsfreiheit, Beibehaltung des napoleonischen Rechtes in der Rheinprovinz, Einrichtung einer Volksvertretung für die deutsche Nation.

Nicht nur das Volk, auch Bürgermeister sowie Stadt- und Gemeinderäte wurden, wie das Elberfelder Beispiel zeigt, mutiger, sich mit Forderungen an die preußische Regierung zu wenden.

Am 5. März verlangten auch in Düsseldorf etwa 600 Demonstranten in einer an den König gerichteten Petition eben das, was am 3. März in Köln und Elberfeld gefordert wurde.

Bei einer Bürgerversammlung in Elberfeld am 6. März, an der etwa 2000 Personen teilnahmen, wurde eine Grußadresse an die „freisinnigen Volksvertreter Badens als die Vorkämpfer für deutsche Freiheit und deutsche Volksehre" beschlossen. In Baden nämlich war die Revolution als erstes ausgebrochen.

Am selben Tage stellten Elberfelder Arbeiter der vom Bürgertum geforderten „Pressfreiheit" ihre Forderung nach „Fressfreiheit" entgegen.

Als in dem Elberfeld benachbarten Barmen der Gemeinderat am 7. März eine demokratischere Verfassung forderte, mutmaßte der Düsseldorfer Regierungspräsident Adolph Theodor Freiherr von Spiegel-Borlinghausen und zu Peckelsheim, dass im Tal der Wupper besonders viele Kommunisten leben.

Joseph Rottländer, Bürgermeister von Kaiserswerth, berichtete am 8. März 1848 dem Düsseldorfer Landrat Emmerich Anton Hubert Freiherr Raitz von Frentz: „Auch hier wie überall nimmt man den lebhaftesten Anteil an dem unerhört raschen Umschwunge der Dinge in Frankreich, und es äußert sich vorzugsweise in den Wirtshäusern. Die Mehrzahl bewundert die Franzosen, und ich glaube, dass es den monarchischen Staaten Europas auf die Dauer gefährlich werden könnte, wenn die französische Republik die Ordnung und Mäßigung beibehielte, welche sie gegenwärtig bekundet, als wenn sie sehr bald das Beispiel geben würde, dass eine Republik von 36 Millionen Menschen nicht bestehen kann. Im ersten Falle wäre zwar der Friede mit den Franzosen zu erhalten, aber man würde auf ihre Zustände umso eifriger hinzuweisen; im andern Falle würde der Krieg kaum vermeidbar sein."

Einen Tag später meldete der Hildener Bürgermeister Hermann Clemens: „Die Ereignisse des 22., 23. und 24. v. Mts. in Paris haben hier, wie fast allerorts, eine große Aufgeregtheit hervorgebracht, und wurde überall, wohin man nur kam, davon gesprochen."

Die Regierung befürchtete angesichts des starken Interesses an den Geschehnissen in Frankreich nicht nur eine Störung von Ruhe und Ordnung, sondern auch negative ökonomische Folgen. Der Düsseldorfer Landrat sah bereits am 9. März mit Sorge, „dass Arbeits- und Brotlosigkeit sich täglich mehren und im Handel der Kredit und das Vertrauen verschwinden."

Anlässlich einer am 9. März in Elberfeld durchgeführten Volksversammlung forderte der seit 1846 als Führer der liberalen Linken im Stadtrat vertretene Carl Hecker allgemeine Volksbewaffnung, Humanisierung der Arbeitsverhältnisse und gerechteren Lohn.

Der Düsseldorfer Landrat Emmerich Raitz von Frentz berichtete dem dortigen Regierungspräsidenten am 11. März 1848, „dass in den Gemeinden des Landkreises die Stimmung im Allgemeinen gut und ruhig ist und dass man mit Vertrauen den Entschließungen entgegensieht, die von Sr. Majestät dem König gefasst werden mögen." Dieser Bericht bezog sich auf die Gemeinden des Landkreises, nicht auf die Stadt Düsseldorf, in der die Lage sich anders darstellte. Über die dortige spannungsgeladene Stimmung schrieb Regierungspräsident Adolph Theodor Freiherr von Spiegel-Borlinghausen und zu Peckelsheim am 15. März an die Regierung in Berlin, dass diese immer aufgeheizter werde und mit administrativen Mitteln kaum mehr einzudämmen sei. In den beiden Tagen vor der Abfassung dieses Berichtes wurden im Schutze der Dunkelheit in den Straßen und Gassen Düsseldorfs Flugblätter revolutionären Inhalts verteilt, am 14. März dem Rat der Stadt eine von zahlreichen Bürgern unterschriebene Listen mit Forderungen vorgelegt. Auch wurden an diesem Tag mehrere Personen gesichtet, die Kokarden oder schwarz-rotgoldene Mützen trugen, also solche mit den am 9. März zu den deutschen Nationalfarben erklärten Farben.

Ermuntert sahen sich die Aufbegehrenden im Bergischen Land ab Mitte des Monats durch die Wiener Revolution, die am 13. März ihren Anfang nahm und am Abend des Tages die Flucht des Staatskanzlers Klemens Wenzel Lothar von Metternich, des bis dahin mächtigsten Mannes Europas, nach England zur Folge hatte. Rasch breitete sich diese Revolution auch auf Böhmen, Ungarn und Oberitalien aus. Seit der Revolution im Vielvölkerstaat Österreich fanden auch in der preußischen Metropole Berlin allabendlich Demonstrationen statt.

Am 16. März wandte sich der Hildener Bürgermeister Hermann Clemens mit folgenden Worten an den Landrat: „Man sieht mit Spannung den Entschließungen Sr. Majestät unseres allerverehrtesten Königs entgegen und hofft, dass solche zur Beruhigung sämtlicher Parteien alles beitragen werden."

Proteste führen zu Zerstörungen

Von Beruhigung allerdings konnte kaum die Rede sein. Zu ersten nennenswerten Zerstörungen im Rahmen der Deutschen Revolution kam es im Bergischen Land am 16. und 17. März in Solingen, wo Arbeiter der Kleineisenindustrie im Anschluss an eine auf dem Schützenfeld durchgeführte Versammlung Streikender fünf Eisengießereien im Landkreis Solingen und Lennep aus Protest gegen Massenproduktion und Entlohnung durch Waren (Trucksystem) demolierten.

Der Solinger Gustav Tückmantel hatte am 16. März in seinem Tagebuch notiert: „Heute wurden die Eisengießereien Mittags 1 Uhr am Werwolf von Kratz & Hammesfahr zerstört und nidergerißen; von da ging der Zug nach dem sogenannten Küllenbergs Kotten Schefeld bei Platzhof – Birmingham genant, wo die dortige Gießerei von G. Becher zu Pfaffenhof zerstört und von da ging es mit fliegenden Fahnen durch die Stadt nach Forspel wo die Gießerei – Vinierschneiderei – Schleiferei – Elfenbein - Perlmutter- un Ebebholtzschneiderei welche durch eine Dampfmaschine getrieben wurde, gantz ruinirt oder zerstört wurde. Zu diesen 4 Werken haten sie nicht mehr Zeit gebraucht bies Abens 8 Uhr, von hier aus ging der Zug nach der Burg."

Alfried Hengstenberg, Pfarrer der reformierten Kirche in Solingen, notierte am 18. März: „Die beiden verflossenen Tage, der 16. und 17. März waren für Solingen Tage großer Angst. Die revolutionäre Aufregung, welche seit den Tagen des 24., 25. und 26. Febr. von Paris aus ganz Deutschland durchzuckt und sich namentlich der arbeitenden Klasse bemächtigt hat, ist leider auch hierhin gedrungen und hat die von Gott und Gottes Wort nur zu sehr entfremdete Masse zu Gewaltthaten und zu frevelhafter Selbsthülfe hingerissen. Durch mancherlei Übelstände war seit einigen Jahren die hiesige Fabrik so in Druck und Verfall gerathen, dass viele Arbeiter mit ihren Familien in die tiefste Noth und Nahrungslosigkeit gekommen waren, und kaum noch wußten, woher sie das tägliche Brod nehmen."

In einem fünfzig Jahre nach diesen Ereignissen verfassten Bericht eines Augenzeugen werden diese wie folgt geschildert und kommentiert: „Eines Tages hielten die arbeitslosen Scherenschmiede, Schleifer, Feiler, Nägler etc. auf dem damaligen Schützenfelde, südlich von der Stadt, eine Volksversammlung ab. Es wurden viele Reden gehalten, wodurch die Gemüter erhitzt wurden. Dann zog man zu der Gießerei am Werwolf, ganz in der Nähe gelegen. Der Volkshaufen vermehrte sich durch viele Neugierige und junge Burschen. Kaum war man zur Fabrik angekommen, als die jungen Burschen mit Steinwürfen die Dachpfannen zerstörten und die Fenster einwarfen. Dann drang Jung und Alt in die Fabrik hinein, holten in Körben und Kisten die fertigen und halbfer-

Abb. 8: Alfried Hengstenberg (Mitte)

tigen Waren heraus und machten dieselben mit Eisenstangen und Kolben in kurzer Zeit unbrauchbar. Nachdem das Zerstörungswerk im Innern der Fabrik vollendet, brachte man den großen Schornstein durch Einkerben am unteren Ende zu Fall.

Das ganze Werk der Verwüstung war in kaum zwei Stunden vollbracht. Gegen die wütende Volksmenge war die Polizei ohnmächtig. Der Schützenverein wurde durch Alarmsignale versammelt, zog sich aber zurück, als die Massen des Volkes, bewaffnet mit allen möglichen Gegenständen aus der zerstörten Fabrik, eine drohende Haltung gegen ihn einnahmen. Die Menge zog nun zu der Gießerei am Platzhof, eine halbe Stunde südwestlich von Solingen gelegen. Hier und in einer Gießerei zu Vorspel, dicht bei Solingen, verfuhr man in derselben Weise. In der großen Fabrik zu Burg hatte man sich vorgesehen und war bereit, ernstlichen Widerstand zu leisten; auch einige Gendarmen hatten sich eingefunden. Aber in kurzer Zeit war mit den mitgebrachten Eisenstangen das Haupttor eingeschlagen, und nun wälzten sich die Massen in den Hof und in die Fabrik, alles zertrümmernd, was ihnen im Wege war; das andere wurde herausgeschafft und zerstört, vieles auch gestohlen und in fortgeschafft."

Angesichts der Zerstörungen in Burg wies Landrat von Berouth den dortigen Bürgermeister Wilhelm Uesseler noch am 17. März an, schnellstmöglich eine Bürgerwache ins Leben zu rufen und sich dabei der Unterstützung der Mitglieder des Unterburger Schützenvereins zu vergewissern. Uesseler lud daraufhin „sämtliche wohlgesinnte Bürger" für den 26. März in das Vereinslokal der Schützen ein, wo 104 Männer zusammenkamen und einen Verein namens „Bürgergarde" aus der Taufe hoben. Dieser bildete drei Abteilungen: Oberburg, geführt von Franz Brieden, Unterburg-Nord, angeführt von Johann Spath sowie Unterburg-Süd unter Führerschaft von Reinhard Fischer. Der Oberbefehl über diese Abteilungen lag bei Bürgermeister Uesseler.

Natürlich wurde der Aufstand der Solinger Metallarbeiter auch in den kleineren Nachbargemeinden zur Kenntnis genommen, ohne dass er das dortige politische Geschehen erkennbar beeinflusst hätte. Dies mag daran gelegen haben, dass eine Solinger Besonderheit, nämlich das bereits erwähnte Truck-System, Auslöser der Krawalle war. Lediglich in der Stadt Elberfeld kam es am 18. März zu einer Kundgebung nahe dem Johannisberg, in deren Anschluss ein Fabrikgebäude zerstört wurde. Auch wurden die Fenster des Rathauses mit Steinen eingeschlagen. Weitere Ausschreitungen konnten durch Soldaten, die sich auf dem Weg nach Lennep befanden, durch Einsatz von Gewalt verhindert werden.

Diese Aufstände in Solingen und Elberfeld, welche die Zerstörung fremden Eigentums mit einschlossen, setzten ein Zeichen politischen Widerstandes, basierten jedoch nicht auf einem politischen Programm. Ziel der Arbeiter war unmittelbar hier und jetzt die Beseitigung des Hungers und des Elends.

Der in Kontakt zu Karl Marx und Friedrich Engels stehende Joseph Weydemeyer sah dies sehr deutlich, als er im „Westphälischen Dampfboot" schrieb: „Der Arbeiter fordert mit Recht eine Verbesserung seiner Lage, aber er kennt sehr häufig nur die nächste Ursache des Druckes, unter dem er leidet, nicht ihren Zusammenhang mit den allgemeinen Verhältnissen; er verdammt die Maschinen, weil sie ihm seine Arbeit rauben, er sucht sie zu zerstören, und verschlimmert dadurch seine Lage nur, statt sie zu verbessern."

Wo das Proletariat im Rahmen der Revolution Bedeutung erlangte, da stritt es weitaus weniger für Demokratisierung als für ureigene soziale Interessen, wenngleich sich in einigen Publikationen auch das Interesse an einer demokratischen Verfassung artikulierte, wie exemplarisch diese Ausführungen aus dem Lenneper „Arbeiter-Blatt" vom 29. Oktober 1849 belegen: „Aber die Gedanken brechen sich die Bahn, eine gleiche Berechtigung Aller an der öffentlichen Gewalt zu fordern. Von jeher hat man drei Haupt-Elemente im Staate wahrgenommen, die sich nach den Interessen der Staatsbürger unterscheiden, nämlich das Interesse des Besitzers, des Erwerbs und der Arbeit. Soll der Staat nun kräftig und haltbar sein, so muss er als ein wahrer Organismus erscheinen, der nach den richtigen Interessen in der Vertretung zergliedert ist. Eine Einteilung der Glieder, bei welcher jeder Teil bestimmt von den anderen unterscheidet, aber dennoch mit dem Ganzen zusammenhängt." Einige Seiten weiter steht zu lesen: „Es ist das Bestreben, Alles für das Volk zu bewirken, sowie die wirkliche Herrschaft des Volkswillens selbst. Zum Volk gehören Alle, vom Fürsten bis zum Bettler. Wahre Demokraten sind mithin keineswegs eine höllische Lügenbrut!"

Wenige Stunden nach dem Elberfelder Aufstand kam es auch in Berlin im Anschluss an eine Demonstration auf dem Schlossplatz zu Ausschreitungen. Als das Militär gegen sie einschritt, leisteten die Aufständischen erheblichen Widerstand, so dass die Soldaten sich zurückzogen. Etwa 250 Menschen kamen bei den Kämpfen ums Leben, darunter über 200 Demonstranten.

Um eine weitere Eskalation zu verhindern, sah sich König Friedrich Wilhelm IV. zu Zugeständnissen gegenüber den Untertanen gezwungen. Infolge der Nachricht, dass der König den Vereinigten Landtag, die ständische Versammlung aller acht preußischen Provinzen, einberufen hatte, kam es am Abend des 19. März in Düsseldorf zu einem spontanen Fackelzug. In Köln vertrat der liberale Politiker Gustav Mallickrodt an diesem Tage die Auffassung, dass allein schon der weniger Tage zuvor erfolgte Sturz Metternichs den Preußenkönig zu Zugeständnissen bewegen werde.

Tatsächlich richtete Friedrich Wilhelm IV. am 21. März eine Proklamation „An mein Volk und an die deutsche Nation", die einer Kapitulation des Königs vor den Aufständischen gleichkam. Er sagte die Erfüllung einiger Forderungen wie der nach Pressefreiheit zu.

Als die Proklamation am 23. März in den rheinländischen Zeitungen publiziert wurde, schrieb der 29 Jahre alte Hildener Bürgermeister Hermann Clemens noch am selben Tage an den Landrat in Düsseldorf, dass „der größte Teil der hiesigen Einwohner nicht einmal weiß, was Pressfreiheit ist".

In der Nacht zum folgenden Tag wurden von Unbekannten an Hauswänden und Bäumen im Orte Aushänge angebracht, deren Inhalt sich gegen den spottenden Bürgermeister richtete. Dies nahm Clemens zum Anlass, umgehend eine Bürgerwehr ins Leben zu rufen. Bestärkt wurde er in seinem Beschluss durch ein von 13 Bürgern unterschriebenes und an ihn gerichtetes Schriftstück, in dem es hieß: „Die betrübenden Vorfälle, welche sich in unseren Tagen so häufig ereignen, erheischen es, dass in jedem Orte, um Ruhe und Ordnung zu erhalten, eine Sicherheitswache eingeführt wer-

Abb. 9: Klemens Wenzel Lothar von Metternich

de. Auch die unterzeichneten Bürger von Hilden fühlen dieses Bedürfnis, ersuchen daher hiermit Ew. Wohlgeboren, dem heute versammelten Gemeinderat unseren Antrag vorschlagen zu wollen, welcher dahin geht, eine solche Sicherheitswache auch für hiesigen Ort ins Leben zu rufen." Zu den Unterzeichnern zählten u. a. der Kaufmann Johann Wilhelm Kämpf, Gründer der Bandfabrik Kampf & Spindler, der Apotheker Neubauer sowie der am 13. Juni 1809 in Merscheid geborene Ferdinand Schmahl, vermutlich ein Gastronom, der zudem einen kleinen Laden führte. Ihnen ging es wohl insbesondere um den Schutz ihres Eigentums.

Am 19. März appellierte der liberale Bankiers Gottfried Ludolf Camphausen aus Angst vor Plünderungen und anderen Exzessen erneut an den Rat der Stadt Köln, sich für die Bildung einer Bürgerwehr einzusetzen. Ein solches Begehren, das die Ratsherren bereits am 4. März an die Regierung richteten, wurde abgelehnt. Franz August Eichmann, Oberpräsident der Rheinprovinz, der noch im Herbst selbigen Jahres preußischer Innenminister werden sollte, stimmte nach anfänglichem Zögern dem Aufbau einer bewaffneten Bürgerwehr zu. Regierungspräsident Karl Otto von Raumer bevollmächtigte Eichmann mit diesem Aufbau und wies ihn an, besondere Vorsicht walten zu lassen, damit keine politisch unzuverlässigen Personen in die Bürgerwehr aufgenommen werden. Etwa 6000 Kölner erklärten ihre Bereitschaft, sich in deren Dienst zu stellen.

Im Kreis Lennep konstituierte sich bereits am 17. März 1848 eine Bürgerwehr, einen Tag später beschloss der Gemeinderat von Opladen, Gleiches zu tun.

In Düsseldorf ist es am 20. März zu deren Gründung gekommen. Dort war der demokratisch gesinnte Kaufmann Lorenz Cantador zum Chef der Bürgerwehr gewählt worden.

In Solingen ließ Bürgermeister Christoph Alexander Wilhelm von Keller an diesem Tage ein Flugblatt mit dem Titel „Ruf an die Bürger Solingens" verteilen: „Die ernsten Ereignisse der letzten Tage hier und fast überall, fordern ein ernstes und inniges festes Zusammenhalten aller wohlgesinnten Bürger. Wir rufen deshalb unsere Bürger zu einer Zusammenkunft auf diesen Abend präcise sieben Uhr nach dem Lokale des Herrn Jacob Hilgers hierselbst, um einen allgemeinen Sicherheitsverein zu constituieren, und die diesem Verein zu unterlegenden Statuten festzustellen. Wir erwarten von allen gutgesinnten Bürgern, die Kommunalsteuern bezahlen, den Beitritt, und daher auch ein allgemeines Erscheinen, zu der heute Abend stattfinden sollenden näheren Beratung."

Am folgenden Tag meldete Bürgermeister von Keller: „Mit beispielloser Schnelle haben sich über 300 achtbare Bürger mit Namensunterschrift verpflichtet, Gesetzlichkeit und Ordnung zu halten und zügellose Banden, die es ferner wagen sollten, Ruchlosigkeiten zu begehen mit den Waffen in der Hand zu Paaren zu treiben."

Der in der Bandesmühle bei Gräfrath wohnende Wilhelm Köttgen richtete am 21. März einen Brief an seinen Cousin

Carl Schrath, in dem er über die Geschehnisse in Solingen und Elberfeld berichtete: „Hier in Solingen hat es auch recht bund hergegangen, indem die Arbeiter-Klasse da 4 Eisengießereien, und die große Eisengießerei an der Burg total zerstört haben, und dabei gedroht haben dass Zeughaus in Gräfrath zu stürmen, worauf sofort das Bataillon 16ter von Düsseldorf hierhin geholt wurde, wovon 2 Compagnien hier und 2 Comp. nach Solingen gelegt wurden, außerdem haben die Solinger noch 1 Schwadron Husaren da. Gestern haben Sie von Solingen einen Wagen voll der Haupt-Rädelsführer, begleitet von 8 Husaren hier durch gebracht, und ist seit 2 Tagen wieder alles ruhig. In Elberfeld war vorgestern auch ein gewaltiger Tumult, was sich aber augenblicklich legte, indem eine Compagnie Jäger mit der Eisenbahn ankamen, die nach Lennep bestimmt waren, und die sofort einschritten; wären die eine halbe Stunde später gekommen, so würde es um die Fabrik, um Leben, der Herrn Kaufmann von der Beeck geschehen seyn, indem sie am Fenstern eingeschlagen waren, um einzudringen, den von der Beeck aufzuhängen und die Fabrik in Brand zu stecken."

Nachdem der in Bensberg in der Kanzlei des Justizrates Peter Joseph Hilt tätige Jurist Vinzenz Jakob von Zuccalmaglio, der sich auch als Schriftsteller einen Namen machte, im Haus Bech in Bergisch Gladbach in der Ausgabe der Kölnischen Zeitung vom 20. März über die Berliner Barrikadenkämpfe gelesen hatte, richtete er noch am selben Tag ein Schreiben an seinen in Frankfurt weilenden Bruder Anton Wilhelm, in dem es hieß: „Lieber Bruder! Soeben erscheint ein Extrablatt der Kölnischen Zeitung, das Pressefreiheit verkündet und auch manches andere Versprechen von Berlin vermeldet. Der Erfolg der Königlichen Erlasse wird kein so günstiger sein, als wenn diese Konzessionen vor einigen Wochen gegeben worden wären....Mülheim, Solingen, Elberfeld, Lennep etc. haben Garnisonen. Man musste zum Schutze der Fabriken Soldaten dorthin senden, weil der Pöbel alle Maschinen

Abb. 10: Burg, um 1850

bedroht. In Solingen sind fünf Fabriken zerstört. Hölterhof zu Altenberg – heißt es eben – hat schon durch Dragoner beschützen lassen." Aber, wohl um den Bruder zu beruhigen, fügte der Verfasser des Briefes hinzu: „Von Bauernaufständen ist hier nichts zu befürchten, weil keine Feudallasten mehr drücken. In den Ländchen Wildenburg und Waldeck möchte mehr Gefahr davon sein", eine Einschätzung, die sich vermutlich auf den gesamten Kreis Mülheim, also neben Bensberg auf Bergisch Gladbach, Heumar, Merheim, Mülheim, Odenthal, Overath, Rösrath und Wahn, bezog.

Zu der Zeit, als Vinzenz von Zuccalmaglio sein Schreiben verfasste, kam es im Kölner Café Royal, Schildergasse 49, zu einer von den Demokraten einberufenen Volksversammlung, in der die Zugeständnisse des Preußenkönigs Friedrich Wilhelm IV. als kümmerlich zurückgewiesen wurden. Die etwa 3000 Anwesenden – der Saal war für etwa 2000 Personen ausgerichtet – forderten die Bewaffnung des Volkes und die Freilassung aller politischer Gefangener, insbesondere die von Gottschalk und Anneke. Der Eigentümer des Cafés, der Konditor und Bonbonfabrikant Franz Stollwerck, der mit den Demokraten sympathisierte, hatte dieses übrigens noch im selben Jahr in „Deutsches Kaffeehaus" umbenannt.

Einen Tag, nachdem Vinzenz Jakob von Zuccalmaglio dem in Frankfurt sich aufhaltenden Bruder über seine Sorgen hinsichtlich der Unruhen im Bergischen Land berichtete, berieten die Ratsherren in Bergisch Gladbach, ob zum Schutze der Bürgermeisterei und des Privateigentums eine Nachtwache einzurichten sei. Zudem kam es zur Gründung einer Bürgerwehr, zu deren Führer Vinzenz Jakob von Zuccalmaglio bestimmt wurde. Knapp eine Woche später unterstanden bereits etwa 400 Männer seinem Befehl.

Dass nicht nur in Bergisch Gladbach, sondern auch in den wohl meisten Städten und Gemeinden des Bergischen Landes die Bereitschaft, sich zur Bürgerwehr zu melden, so groß war, zeugt von der immensen Unsicherheit der Handel- und Gewerbetreibenden, die um ihr Hab und Gut fürchteten.

Am 20. März kam es zu einer Zusammenkunft von Vertretern der Kaufmannschaft und der Königlichen Regierung zu Düsseldorf unter Leitung des Regierungsrates Carl Quentin, der dem Verein für demokratische Monarchie angehörte. Verständigt wurde sich auf die Bildung einer „Kommission zur Verbesserung der Lage der Arbeiter", bestehend aus Kaufleuten wie auch Handwerkern, für die der Begriff „Arbeiter" stand.

Am 22. März kamen so viele Kölner zu einer Versammlung, dass diese vom zu kleinen Saal des Cafés von Franz Stollwerck in den ansonsten vornehmlich für Maskenbälle, Tanz- und Karnevalsveranstaltungen genutzten Gürzenich verlegt werden musste. Eine mit etwa 4000 Unterschriften versehene und an den König gerichtete Petition beinhaltete folgende Forderungen, die in der Kölnischen Zeitung vom 24. März

1848 veröffentlicht wurden: „Sofortigen Erlass eines provisorischen Wahlgesetzes auf Grundlage numerischer Vertretung und des Wahlrechtes sowie der Wählbarkeit für alle nicht durch rechtskräftiges Urteil der bürgerlichen Rechte verlustig erklärten Bürger im Alter von 21 Jahren; sodann baldigste Einberufung der so gewählten Vertreter zum Zwecke der Feststellung der künftigen Verfassung von Preußen und seines Verhältnisses zum gesamten Deutschland."

Der am 23. März in den rheinischen Zeitungen publizierte Aufruf des Königs „An mein Volk und an die deutsche Nation" vom 21. März, in dem der Monarch sich zur Einführung einer konstitutionellen Verfassung bereit zeigte, führte zu Jubel auch in den Städten des Bergischen Landes, der gemischt war mit bleibender Sorge, da ein Ende von Arbeitslosigkeit, Elend und Hunger nicht absehbar war.

In Bensberg reagierten die Mitglieder des Gemeinderates nach dem 23. März 1848 nicht mehr auf Einladungen des Bürgermeisters Carl Wachendorff, dem sie willkürliches, menschenfeindliches Handeln vorwarfen, weshalb es für die Dauer von zwei Monaten zu keinen Sitzungen des Rates mehr kam. Die im Mai durchgeführte Zusammenkunft wurde dann nicht von Wachendorff, sondern von dem Regierungskommissar Oscar Danzier geleitet. Sowohl Wachendorff als auch bald schon Danzier ein Dorn im Auge war das Ratsmitglied Johann Jakob Euler, ein demokratisch gesinnter Gastwirt, der in kommunalpolitischen Angelegenheiten mehr Transparenz forderte.

Etablierung von Bürgerwehren

Am 23. und 24. März kamen im Rathaus zu Köln Vertreter aus achtzehn rheinischen Stadt- und Gemeinderäten zusammen. War es diesen gemäß der Gemeindeordnung von 1845 auch lediglich erlaubt, sich mit kommunalen Angelegenheiten zu befassen, so sahen sie sich angesichts der zahlreich besuchten Volksversammlungen doch genötigt, sich zu der gesamtpolitischen Entwicklung zu äußern. Die Forderung nach einem allgemeinen Wahlrecht mochten sie sich mehrheitlich zwar nicht zu eigen machen. Wohl aber sprachen sie sich für ein Zensus-Wahlrecht aus, dem zu Folge kein Stimmrecht erhalten sollte, wer keine oder nur geringe Steuern zahlt. Wenn sich in der Folgezeit innerhalb des Bergischen Landes eine deutliche Trennung von Liberalen und Demokraten zeigte, dann auch und gerade wegen der stark divergierenden Haltung zur Wahlrechtsfrage.

In den Städten und Gemeinden des Bergischen Landes vollzog sich die „Revolution" zunächst also im Kleinen, wenn auch recht unterschiedlich. Die von der preußischen Regierung auf Empfehlung der Landräte eingesetzten Bürgermeister stellten für die Bevölkerung die Personifizierung des autoritären Staates dar, so dass sich deren Wut mancherorts im März offen gegen diesen richtete. In anderen Bürgermeistereien, so etwa in Odenthal, kam es erst im April zu Protesten.

Im oberbergischen Gummersbach war im Kreisblatt vom 25. März 1848 zu lesen: „Bleiben wir nicht zurück bei diesem schönen Werke, und die Gaben, welche wir darbringen, seien Zeugen, dass mit so viel edlem Bürgerblute die Freiheit errungen werden musste. Aber trösten wir uns mit dem Gedanken, dass auch die Freiheit das höchste Gut ist, und darum eines großen Opfers wohl wert." Dass es auch in dem noch bäuerlich geprägten Oberbergischen Land zu Unruhen kam, bezeugt die Tatsache, dass der seit 1830 im Amt befindliche Landrat Josef Sonoré von der Bevölkerung, die unter den sozialen und ökonomischen Verhältnissen zu leiden hatte, in die Flucht getrieben worden ist.

Mit Schreiben vom 28. März wandte sich Jacob Joseph Rosellen, Bürgermeister der Gesamtgemeinde Richrath-Monheim, an den Landrat und teilte diesem seine Absicht mit, eine Bürgerwehr installieren zu wollen. Es folgten die Gemeinden Schlebusch und Steinbüchel.

Am selben Tage kam es zu einer Versammlung von Vertretern mehrerer bergischer Landgemeinden, bei der u. a. über die Unterstützung städtischer Petitionen beraten wurde.

Am 30. März 1848 schrieb der Hildener Bürgermeister Hermann Clemens dem Landrat in Düsseldorf, es hätten „zwei mir wohlbekannte berüchtigte Subjekte versucht, durch ein schändliches Plakat die hiesige Bürgerschaft gegen mich aufzuhetzen." Der berichtete Vorfall ereignete sich bereits am 24. März und mag mit dazu beigetragen haben, dass der Gemeinderat am Nachmittag dieses Tages zusammenkam, um über die Gründung einer Bürgerwehr zu beraten.

Franz von Falderen, Bürgermeister von Wald, wandte sich am 31. März mit einem Aufruf an die männlichen Einwohner seiner Gemeinde, in dem es hieß: „Se. Majestät hat neuerdings zu bestimmen geruht, dass die Erhaltung der öffentlichen Sicherheit, Ruhe und Ordnung, ohne deren Bestand weder wahre Volksfreiheit, noch Bürgerwohl und Bürgerglück möglich, fortan zunächst den Bürgern selbst überlassen werden soll. Offenbar liegt hierin ein werthvolles Pfand Allerhöchsten Vertrauens. Sich desselben vollkommen werth zu beweisen, ist Sache eines jeden Unterthanen. Angemessen erscheint es daher, dass alle wahrhaften Bürger sich zur gemeinsamen Erfüllung der ihnen hiernach gewordenen Verpflichtung einigen, oder mit anderen Worten, dass in allen dazu geeigneten Ortschaften Bürgergarden sofort errichtet werden."

Hatte der Bürgermeister von Ratingen dem Landrat noch am 23. März mitgeteilt, zur Bildung einer Bürgerwehr keine Veranlassung zu sehen, so meinte er am 1. April, dass die Konstituierung einer solchen Wehr „besonders wegen der Nähe der Cromforder Fabrik“ erforderlich sei. Moritz Brügelmann, Enkel des Firmengründers, ließ bereits seit Ende März die Baumwollspinnerei durch einen Sicherheitsverein, im Volksmund „Sensenverein“ genannt, schützen.

Am 2. April wurde in Gräfrath eine Bürgerwehr gebildet, angeführt von Herrn Engelbert Piccard sowie Herrn Constantin de Leuw als dessen Stellvertreter.

Eine am 4. April beschlossene Erklärung des mehrheitlich konservativ und gemäßigt orientierten Rates der Stadt Barmen lautete: „Ein neuer Feind ist inzwischen in unserer Mitte entstanden, der uns den Genuss des errungenen köstlichen Guts verkümmert, wenn nicht gar den ferneren Genusse desselben zu verhindern droht. Der schlecht verdaute Liberalismus ist es, dem sich der Geist der Verneinung alles zu Recht Bestehenden zugesellt; ihre Gehülfen sind die voreiligen Socialisten und die unmöglichen Kommunisten.“

Karl Martin Roffhack, evangelisch-reformierter Pfarrer in Barmen-Gemarke, assistierte mit folgendem Kommentar: „Was sind doch die Schlagworte ’Freiheit, Gleichheit und Brüderlichkeit‘, die in den sozialen und politischen Bewegungen unserer Zeit als Feldgeschrei erhoben werden und tausend Herzen einnehmen, was sind sie anderes als Feuerfunken, die man dem Herde des Heiligtums entwandt hat, um die Mord- und Brandfackel des Aufruhrs zu entzünden?“

Wie bereits sein 1844 verstorbene Vater, der Solinger Buchhändler Friedrich Hermann Amberger, bemühte sich später auch Friedrich Hermann Amberger junior zunächst vergeblich um eine Konzession zur Herausgabe einer Zeitung.

Schließlich wurde ihm eine solche doch erteilt, so dass es Anfang April 1848 zur ersten Publikation seiner Zeitung „Bergisches Organ für Politik, Gewerbe, Landwirtschaft und Unterhaltung“ kam. Das Blatt, in der Bevölkerung lediglich „Bergisches Organ“ genannt, veröffentlichte im September 1848 „Berichte aus der Chronik von Schöppenstedt“. Allerdings ging es nicht um die im Landkreis Wolfenbüttel gelegene Stadt, sondern um das revolutionäre Geschehen in Solingen.

Der dortige Fabrikant, Mitglied des Stadtrates sowie der Handelskammer, Peter Knecht, der sich bereits vor den Unruhen des Jahres 1848 ebenso engagiert wie vergeblich für die Verbesserung der sozialen Lage der Arbeiterschaft eingesetzt hatte, lud für den 5. und 6. April Schwertschmiede und Schwertschleifer zu Versammlungen ein, deren Ergebnis die Gründung einer Schwertschmiede-Brüderschaft war. In deren Satzung hieß es: „Der Zweck der Brüderschaft ist durch eine auf deutsche Treue, Redlichkeit und Freundschaft gegründete Verbindung, durch Tugend, Sittlichkeit und Klugheit, Arbeit, Fleiß und Thätigkeit, Mäßigkeit und Sparsamkeit, die traurige Lage des Schwertschmiede-Handwerks zu verbessern, dasselbe zu erheben, wieder zur Ehre und Ansehen zu bringen, und besonders durch Vermehrung der Arbeit und Erhöhung des Arbeitslohnes der Armut der mehrsten Brüder ein Ende zu machen, und einen allgemeinen Wohlstand der ganzen Brüderschaft zu begründen.“

In Overath wandten die Menschen sich am 18. April 1848 mit einer Petition unmittelbar an die Königliche Regierung und forderten die Absetzung ihres Bürgermeisters Johann Burrus. In ihrer Eingabe hieß es kurz und bündig: „Der Bürgermeister hat das Vertrauen der Gemeinde nie besessen und besitzt es noch nicht.“ Ein Jahr später wanderte der unbeliebte Bürgermeister nach Amerika aus.

Abb. 11: Friedrich Hermann Amberger

König Friedrich Wilhelm IV. versuchte, die allgemeine Lage zu beruhigen, indem er eine Verbindung zwischen Adel und aus dem Großbürgertum entstammenden Liberalen schuf. So legte er am 29. März die preußische Regierungsgewalt in die Hände eines Kabinetts unter Gottfried Ludolf Camphausen, eines Bankiers, der zu den führenden Liberalen der Rheinprovinz zählte. Finanzminister wurde David Justus Ludwig Hansemann, ebenfalls ein Protagonist der Liberalen in der Rheinprovinz und wie Camphausen von Beruf Bankier.

Vom 31. März bis 3. April 1848 tagte zunächst im Frankfurter Römer, dann in der Paulskirche eine Versammlung von über 500 Vertrauensmännern aus allen deutschen Staaten.

Die Monate nach der Märzrevolution 1848

In der ersten Woche des Monats April kam es in der Bürgermeisterei Odenthal zu Versammlungen, in denen sich die Wut über das politische System gegen die Person des Bürgermeisters Peter Joseph Fritzen sowie des Levin von Wolff-Metternich zu Gracht auf Burg Strauweiler richtete. Zu jener Zeit kam es auch in Refrath zu einer lautstarken Zusammenkunft von etwa 80 Arbeitern.

Reaktionen politisch Verantwortlicher

Abraham Hering, Bürgermeister von Remscheid, gelangte nach den im März erfolgten Fabrikzerstörungen und einigen am 5. April im Kreis Lennep aufgetretenen Unruhen zu folgender Einschätzung: „Nach der im März stattgehabten gewaltsamen Zerstörung der Eisengießerei zu Burgthal zeigte sich auch in den unteren Klassen der hiesigen Einwohner eine Aufregung, die sich zuerst in Zusammenkünften der Feilenhauer und Demonstrationen derselben zur Erlangung höherer Preise kundgab. Wenn dieselben, deren Forderungen übrigens nicht unbillig gefunden wurden, die Grenzen der gesetzlichen Ordnung auch nicht geradezu überschritten, so wurde doch durch ihr massenhaftes Erscheinen der Weg zu Zusammenrottungen und Straßen-Exzessen angebahnt. Es erfolgt darauf auch am 5. April ein kleiner Markt-Krawall, der darin bestand, dass ein Dutzend mutwilliger Schmiedeknechte die Butterverkäufer durch Annahme einer drohenden Stellung zwingen wollte, den Preis der Butter um einige

Groschen pro Pfund herabzusetzen. Diese Ruhestörung wurde jedoch schnell beseitigt und die Urheber hatten sich schon entfernt, bevor die Polizeibehörde auf dem Markte eingetroffen war. Am Abend dieses Tages entstanden wieder unruhige Bewegungen auf der Straße, die später in die Nacht hinein einen ernstlichen Charakter annahmen und sich zuerst dahin äußerten, dass die Fenster des Lokals, in dem die Wache der Bürgerwehr sich befand, mit Steinen eingeworfen wurden. Als hierauf die Bürgerwache, deren vorausgegangene gütliche Versuche, die Volksmasse zu zerstreuen, erfolglos geblieben waren, in geschlossenen Gliedern durchdringen wollte, wurde sie mit Steinwürfen von allen Seiten empfangen und es sah dieselbe sich genötigt, aus dem Bezirk Schüttendelle eine Verstärkung an sich zu ziehen und damit nach fruchtloser dreimaliger Aufforderung des Unterzeichnenden unter Anwendung der Waffengewalt einzuschreiten. Diese wurde auch durch Kolben- und Stockschläge sowie durch Säbelhiebe mit flacher Klinge so zwecksicher gehandhabt, dass nach kurzer Zeit die Straßen gesäubert waren. Da jedoch vielseitig die Besorgnis geäußert wurde, dass solche Auftritte sich wiederholen und eine von den Feilenhauern auf den Abend des 8. April vorbestimmte Zusammenkunft die nächste Veranlassung dazu geben möchte, so wurde auf militärischen Beistand angetragen, der auch, wie bekannt, gewährt wurde."

Der Oberpräsidenten der Rheinprovinz, Franz August Eichmann, publizierte am 6. April mit dem Ziel, Ruhe, Ordnung und Schutz des Eigentums zu gewährleisten, Direktiven zur Errichtung von Bürgerwehren, die allen Städten und Gemeinden des Bergischen Landes übersandt wurden.

Vermutlich am 9. April wurde die Gründung einer gemeinsamen Bürgergarde für Merscheid und Wald vollzogen.

Der Leichlinger Bürgermeister Pilgram veranlasste am 10. April die Bildung eines Vereins, der Hab und Gut der Bürger gegen Aufständische schützen sollte.

Der Solinger Stadtrat hatte am 11. April beschlossen, zur Deckung der Kosten einer Bürgergarde eine Sammlung durchzuführen, um nicht in die „Notwendigkeit versetzt zu werden, die Gemeindekasse dazu in Anspruch nehmen zu müssen." Bis Ende Juni kam ein Betrag in Höhe von 470 Reichsthalern zusammen.

Am 12. April schrieb der Hildener Bürgermeister Hermann Clemens dem Landrat zu Düsseldorf über die Stimmung der Bevölkerung: „Die Ruhe ist zwar öffentlich noch nicht gestört worden, jedoch die alte gute Ordnung scheint immer mehr und mehr zu schwinden. Die Volksversammlungen, dieses gefährliche Spiel, nehmen fast überhand, ohne dass man sie verhindern könnte; und so findet am Samstag, dem 15. Ds., in der kleinen Gemeinde Hilden schon die fünfte statt." Am folgenden Tag appellierte er, „alles Mögliche zur Erreichung und Befestigung einer Einigkeit aufbieten zu wollen, damit wir beweisen, dass wir würdige Mitglieder des großen deutschen Staates sind."

In dem am 16. und 17. März von Solinger Metallarbeitern heimgesuchten Burg verbreitete sich am 13. April das Gerücht, diese befänden sich erneut auf dem Weg in die kleine Nachbargemeinde an der Wupper, diesmal, um den Caldenbach'schen Schleifkotten zu demolieren. Zwar hatte sich zum Schutze des Ortes am 26. März die Burger Bürgergarde gebildet; diese war allerdings noch nicht mit Waffen ausgestattet. Die Sorge der Burger erwies sich als unbegründet, denn das erwartete Erscheinen der Solinger blieb aus.

Dennoch führte das Gerücht zu erheblicher Unruhe innerhalb der Bevölkerung, so dass Bürgermeister Wilhelm Uesseler sich am folgenden Tag veranlasst sah, beim Landrat nachdrücklich um die Bereitstellung von Gewehren zu bitten. Aus dem Depot der in Köln stationierten Artillerie trafen eine Woche später tatsächlich 75 Gewehre ein.

In den Unterburger Abteilungen der Bürgergarde sind diese Waffen nie zum Einsatz gekommen. In Oberburg traten die Mitglieder mit ihren Waffen einmal an, allerdings nur zur Begleitung der Fronleichnams-Prozession.

In seiner Ausgabe vom 16. April 1848 veröffentlichte die Kölnische Zeitung einen Leserbrief mit folgendem Wortlaut: „Wir wollen und wünschen, dass unser herrliches, heiß geliebtes Rheinland seinen schönen unentweihten Lorbeerkranz, welchen es durch seinen unermüdlichen, so männlichen als offenen, unblutigen Kampf um gesetzliche Freiheit sich verdient hat, sich nicht durch fanatische Schreier oder böswillige Priester der Anarchie und Zwietracht entblättern oder in den Kot treten lassen wird."

Gründung des Vereins für konstitutionelle Monarchie

Am 16. April gründeten der 1817 in Elberfeld geborene Unternehmer Hugo Maximilian Wesendonck und der Kaufmann Lorenz Cantador in Düsseldorf einen Verein für demokratische Monarchie, der als Vorläufer einer Partei gedeutet werden kann. Zu den Mitgliedern der ersten Stunde zählten der Rechtanwalt Anton Joseph Bloem und der Notar Joseph Euler. Nur fünf Tage später kam es in der bergischen Residenzstadt zur Konstituierung eines Vereins für eine konstitutionelle Monarchie. Der bald annähernd 2000 Mitglieder zählende Verein fokussierte sich auf Fragen und Probleme im Kontext des Parlamentarismus, scheint sich den brennenden sozialen Problemen, die es auch und gerade in Düsseldorf gab, jedoch nicht angenommen zu haben.

Joseph Rottländer, Bürgermeister zu Kaiserswerth, begann ein an Landrat Emmerich Raitz von Frentz gerichtetes, unterwürfig gehaltenes Schreiben vom 17. April wie folgt: „Euer Hochwohlgeboren beehre ich mich zu berichten, dass in meinem Amtsbereiche bisher gar keine Exzesse gegen Personen oder Eigentum vorgekommen sind und ich auch wohl dafür bürgen zu dürfen glaube, dass sie nicht vorkommen werden. Ich würde solchen Exzessen schon früher, wenn sie sich gezeigt hätten, mit Kraft entgegengetreten sein, und wenn damit für mich die größte Gefahr verbunden gewesen wäre."

Das Wesen der Bürgerwehren

In einer Verordnung König Friedrich Wilhelms vom 19. April wurden die Befugnisse der Bürgerwehren festgelegt: „Nachdem Wir die Bildung von Bürgerwehren genehmigt haben, so verordnen Wir zur Beseitigung entstandener Zweifel, dass den mit Zustimmung der Obrigkeit gebildeten Bürgerwehren behufs Aufrechterhaltung der öffentlichen Ordnung und Sicherheit die Befugnisse der bewaffneten Macht nach den gesetzlichen Bestimmungen zustehen. Die Bürgerwehren sind daher insbesondere befugt, von ihren Waffen Gebrauch zu machen, wenn wie bei ihren Dienstleistungen angegriffen oder mit einem Angriff gefährlich bedroht werden oder Widerstand durch Tätlichkeit oder gefährliche Drohung stattfindet."

Das Wesen der Bürgerwehren hatte der mit Karl Marx und Friedrich Engels befreundete Münsteraner Joseph Arnold Wilhelm Weydemeyer am 19. April 1848 in der Zeitschrift „Das Westphälische Dampfboot" wie folgt beschrieben:

„Nicht zum Schutz der Freiheit, sondern zum Schutz des angeblich bedrohten Eigentums ist sie an den meisten Orten zusammengetreten, d. h. bei Licht besehen, zur Unterdrückung jeder bourgeoisfeindlichen Meinung. Sie verrichtet den Dienst der Polizei mit der größten Ängstlichkeit und nicht selten mit größerer Härte; sie ermüdet sich unnütz durch Wach- und Patrouillendienst und macht es den arbeitenden Klassen dadurch unmöglich, sich daran zu beteiligen."

Die Bürgerwehren waren vorwiegend ein Instrument des Bürgertums, um der Arbeiterschaft und deren sozialen Forderungen repressiv zu begegnen, was die Ambivalenz der von diesem vertretenen politischen Forderungen verdeutlicht: Einerseits trat das Bürgertum für Recht und Freiheit, gegen die Willkür des Grund und Boden besitzenden Adels ein, bildete also eine emanzipatorische Kraft, andererseits war es darauf aus, gegenüber der Arbeiterschaft Ungleichheit und Unrecht zu bewahren.

In dem Bemühen, die Gefahr von Ausschreitungen einzudämmen, beschränkte man sich weiterhin nicht nur auf Verteidigungsmaßnahmen, wie sie durch die Bürgerwehren verkörpert wurden. Auch Arbeitsbeschaffungsmaßnahmen bildeten immer wieder Versuche, Elend und Not ein wenig zu mindern und so potentieller Gewalt entgegenzuwirken. Aber solche Bemühungen waren zumeist kaum mehr als der sprichwörtliche Tropfen auf dem heißen Stein. Exemplarisch sei aus Hilden berichtet, wo der Gemeinderat am 10. April 1848 Arbeitslose zum Ausbau des Wegenetzes einstellte, wofür seitens der Regierung ein Darlehen in Höhe von 400 Talern gewährt worden war. Dieses Geld war innerhalb gut eines Monats bereits verbraucht, während die Arbeitslosigkeit weiter zunahm.

Wo Bürgerwehren installiert worden waren, blieben diese oft ohne finanzielle Ausstattung. Um sich gegen das aufbegehrende Proletariat im Notfall erwehren zu können, erhielten sie zumeist Waffen aus staatlichen Beständen, die um Gewehre, Mistgabeln und Spaten aus eigenem Besitz erweitert wurden. Nicht ohne Grund wurde das Auftreten der Bürgerwehren mancherorts als „Komödie“ sowie „Soldatenspielerei“ bezeichnet.

Nachdem das Wahlgesetz für die zur Vereinbarung der preußischen Staatsverfassung zu berufende Versammlung am 8. April Gültigkeit erlangte, kam es in der Rheinprovinz zu einem ersten Werben um die besseren Ideen. Allerorts wurden zu diesem Zwecke Vereine gegründet.

In Bensberg luden Vinzenz von Zuccalmaglio und Heinrich Rolshoven zu einer Versammlung ein, die am 22. April stattfand. Ziel beider war es, die weithin ungebildete Landbevölkerung aus ihrer Perspektive über die politische Entwicklung innerhalb Preußens zu informieren.

Am 25. April kam es in Köln im Café Stollwerk zur Gründung der Demokratischen Gesellschaft, die sich fortan nach diesem Café benannte. Auch die Namen anderer politischer Gesellschaften gingen auf die jener gastronomischen Betriebe zurück, in denen sie sich regelmäßig trafen. So nannte sich die Gruppe um den Demokraten Franz Raveaux, der übrigens als Begründer des politischen Karnevals gilt, nach dem Wirtshaus Romberg. Die Gesinnungsfreunde um Andreas Gottschalk versammelten sich später im Gasthaus Simon.

Arbeiter und demokratisch gesinnte Bürger gründen Vereine

Auch in Düsseldorf gründete sich am 25. April ein Verein, und zwar ein zunächst aus 50 Mitgliedern bestehender Arbeiterverein. Viele derer, die dessen Initiator Eduard Hölterhoff zunächst folgten, vertraten jedoch radikalere Ziele als dieser, so dass es schon einen Monat später zu einer Abspaltung kam und sich unter dem Anwalt Julius Wulff ein den Ideen von Marx und Engels verpflichteter Volksklub konstituierte. Die Funktion des Kassierers in dem etwa 900 Mitglieder umfassenden Klub sollte später der Lyriker und Übersetzter Ferdinand Freiligrath innehaben.

In der Gemeinde Dorp kam es am 28. April zur Bildung einer Bürgergarde, angeführt von Bürgermeister Heinrich Küppers.

Zur konstituierenden Sitzung der Nationalversammlung fanden sich am 18. Mai im Kaisersaal des Frankfurter Römers 436 Abgeordnete zusammen, von denen mehr als die Hälfte ein Studium, zumeist der Rechtswissenschaften, hinter sich hatte und ihren Lebensunterhalt als Staatsbeamte sicherstellte.

Zu jenen, die sich dort versammelten, gehörte als Vertreter für Elberfeld und Barmen der Arzt Heinrich Carl Alexander Pagenstecher, der sich besonders Patienten aus den armen Bevölkerungsteilen annahm. Zu seinem Vertreter wurde der Jurist Carl Hermann Köster von Kösteritz gewählt. Eine der vorrangigen Aufgaben sollte die Schaffung eines deutschen Nationalstaates sein.

Zwei Tage später gründete sich in Köln ein Verein demokratisch Gesinnter, der über die nun geendete Zeit des Wahlkampfs hinaus die Sache der Demokraten vertreten sollte. Der Bürgerverein hatte in seiner Hochzeit ca. 1200 Mitglieder gehabt.

Hatte, wie bereits erwähnt, der Solinger Stadtrat am 11. April beschlossen, durch eine Sammlung das Geld zur Ausstattung einer Bürgergarde zusammenzubringen, so konnte der Chef dieser Bürgergarde, Gustav Weyersberg, am 30. Juni kundtun: „Mit dem Ausdrucke des größten Dankes finde ich mich zu der Bekanntmachung verpflichtet, dass die verehrlichen Bewohner unserer Stadt durch freiwillige Beiträge die Summe von vierhundert neun und sechszig Thlr. ein und zwanzig Srg. zur Bestreitung der mit Errichtung der Bürgergarde verbundenen Kosten sowie der laufenden Ausgaben derselben aufgebracht und diese unserer Kasse haben zufließen lassen. Die Bethätigung solcher Teilnahme, solcher edlen Gesinnungen liefert den sprechendsten Beweis, wie sehr die Gesammtbürgerschaft anerkennt, und wie sehr letztere in jener immer ihre wichtigste Stütze vertrauensvoll erblicken darf, eine Stütze, die sich auch in der Folge wie heute immer gleich bewährend wird."

Während jener Phase, in der die Nationalversammlung sich fundierte, waren König und Regierung bemüht, keine neuen Unruhen zu provozieren. Tatsächlich trat eine Zeit relativer Beruhigung ein.

Hatte seit Anfang März jeder Bürgermeister dem Landrat wöchentlich „Die Stimmung unter der Bevölkerung betreffend" zu berichten, der diese nach Lektüre dann an den Regierungspräsidenten weiterleitete, so führten manche bergische Landräte ab Mai vermehrt Klage darüber, dass die Berichte nur noch unregelmäßig verfasst und vorgelegt würden. Das aber lag sicher darin begründet, dass es in den meisten Gemeinden kaum Nennenswertes zu berichten gab, so dass der Regierungspräsident am 24. Juli 1848 verfügte, dass nicht mehr wöchentlich zu berichten sei.

In der Nationalversammlung, aber auch im Rahmen der Kontroversen, zu denen es in den Städten und Gemeinden kam, wurde dennoch recht bald deutlich, wie unversöhnlich sich die unterschiedlichen politischen Formationen gegenüberstanden. Während die Liberalen für eine konstitutionelle Monarchie eintraten und das Privateigentum garantiert sehen wollten, plante die parlamentarisch in der Minderheit befindliche Linke, die revolutionären Aktivitäten zu verstärken. Dem schlechten Abschneiden bei den Parlamentswahlen zum Trotz fanden die demokratischen Vereine in vielen bergischen Städten und Gemeinden beachtlichen Rückhalt.

Im Bergischen Land waren von Arbeitslosigkeit und deren Folgen weiterhin insbesondere jene betroffen, die in Elberfeld, Barmen und in deren Umland wohnten und sich zuvor in Fabriken im Tal der Wupper verdingten. Aber auch andernorts waren partiell erhöhte Arbeitslosenzahlen zu vermelden. So berichtete der Hildener Bürgermeister dem Landrat am 27. Mai 1848: „Die Fabriken liegen gänzlich darnieder, und sind 80 Fabrikarbeiter auf Kosten der Gemeinde auf den verschiedenen Kommunalwegen beschäftigt. In Eller ist alles ruhig, und ist bis jetzt niemand arbeitslos.“ Exakt einen Monat zuvor, am 27. April 1848, hatten sich 65 Arbeiter an den Rat der Stadt Mülheim am Rhein gewandt und über ihre Armut geklagt, der Abhilfe zu schaffen sich im selben Monat ein „Comité zur Unterstützung brodloser Arbeiter“ gründete. Vorher schon war es in einigen Gegenden um Mülheim zu einigen kleineren Zusammenrottungen und politischen Zusammenstößen auf der Straße gekommen.

Nachdem in Frankfurt vom 14. bis 17. Juni 234 Delegierte – sowohl Demokraten als auch Republikaner – aus den verschiedenen deutschen Regionen zu einem Demokratenkongress zusammengetroffen waren, bildete sich bald danach der Centralmärzverein als nationaler Zusammenschluss der politischen Vereine. Zu den Mitbegründern zählte auch Andreas Gottschalk.

Am 18. Juni kam es zu einer feierlichen Weihe der schwarz-rot-goldenen Fahne der Solinger Bürgerwehr. Nach einer Rede von deren Führer, Gustav Weyersberg, sprachen die

Pastoren Alfried Hengstenberg für die evangelische und Georg Kersebaum für die katholische Gemeinde.

Im Juli 1848 wurde ein Gesetz über die Errichtung von Bürgerwehren erlassen, das die Bürgerwehren praktisch zu staatlichen Institutionen machte. Sie unterstanden dem Ressort des Inneren.

Dringende Ansprache.

Das Königliche Staatsministerium hat den auf heute verabredeten, die Abänderung des Wahlgesetzes bezweckenden Volksaufzug untersagt. So sehr ich mich überzeugt halten kann, daß es bei der Achtung der hiesigen Einwohnerschaft vor dem Gesetz, und vor der höchsten, das Gesetz vollziehenden Staatsbehörde — nur eines solchen Ausdrucks bedarf, um den beabsichtigten Aufzug zu unterlassen, so rechne ich doch auf alle Fälle darauf, daß die Behörden in ihren, der allgemeinen Wohlfahrt gewidmeten Bestrebungen mit Kraft unterstützt werden.

Insbesondere aber wende ich mich an die hiesigen löblichen Gewerksgenossen, die mir in der letzten ereignißreichen Zeit so manchen Beweis ehrenden Vertrauens gegeben haben, und deren Sinn für Gesetz und Ordnung meine volle Achtung verdient. Mögen dieselben auch heute ihrer wahren Stellung in der Staats-Gesellschaft eingedenk sein, mögen sie eingedenk sein, wie dem ehrenhaften Nährstande vor allen Dingen die Erhaltung und Befestigung der Ruhe, der Ordnung und des allgemeinen Vertrauens am Herzen liegen muß; mögen die Gewerksgenossen also auch dieser wohlgemeinten Ermahnung Gehör geben, und sich aller Betheiligung bei dem fraglichen Aufzuge und dessen Unterstützung durch Begleitung mit Fahnen oder anderen Zeichen enthalten.

Berlin, den 20. April 1848.

Der Polizei-Präsident.

v. Minutoli.

Abb. 12: Dringende Ansprache

In einem Bericht des Hildener Bürgermeisters bezüglich der örtlichen Geschehnisse während der Monate Juni und Juli 1848 heißt es, die Leute verließen „nach und nach ihren Freiheitsschwindel und kehren zur Ordnung und Gesetzlichkeit zurück. Die hiesige Bürgergarde ist völlig untätig." Zu bedenken ist, dass die Menschen, die sich versammelten, diskutierten und ihre Forderungen auf die Straßen trugen, auch ihrem Broterwerb nachzugehen hatten. Wenn auch, wie bei dem Hildener Bürgermeister, der Eindruck zunehmender Passivität der Aufbegehrenden entstand, so war es keineswegs so, dass es keine Versammlungen und Besprechungen mehr gegeben hätte. Vielerorts wurde allerdings die demonstrative Volksversammlung durch Besprechungen in Vereinen und anderen geschlossenen Gruppierungen ersetzt oder zumindest ergänzt.

Auch wurde weiterhin dafür Sorge getragen, dass wichtige Informationen von einem Ort zum anderen gelangten. Alle politischen Lager bemühten sich darum, neben der Stadtbevölkerung auch die in den ländlichen Regionen des Bergischen Landes mit ihren Argumenten zu erreichen, um so die Zusammensetzung in der Frankfurter Paulskirche wie auch der Preußischen Nationalversammlung zu ihren Gunsten zu beeinflussen.

Werbung für eine konstitutionelle Monarchie

Die wohl bedeutsamste in jener Phase im Bergischen Land gelesene Schrift war „Die Deutsche Kokarde“, von Vinzenz von Zuccalmaglio, der sich auch „Montanus“ oder – um sich zu seiner Heimat zu bekennen – einfach „Der Bergische“ nannte.

„Die Deutsche Kokarde“ war eine Publikation aus dem Jahre 1848, deren Titel vollständig wie folgt lautete: „Die deutsche Kokarde, ein politischer Katechismus fürs deutsche Volk. Gemeinfassliche Beantwortung der Fragen unserer Gegenwart und Anleitung, wie Jedermann beizutragen hat, die schwere Zeit der Prüfung dem deutschen Vaterlande zum Segen zu wenden. Zum Besten der in Berlin verwundeten Bürger und Krieger“.

Die Absicht des Autors war es, mit dieser Schrift auch den Menschen in den bergischen Dörfern, die keine Zeitungen bezogen, die Hintergründe dessen zu erläutern, was sich in der Gesellschaft tat. Dabei war er in besonderer Weise bemüht, für eine konstitutionelle Monarchie zu werben. Dies las sich zum Beispiel so: „Die unbeschränkte Monarchie ist am besten für ein rohes oder für ein verweichlichtes Volk, das durch Mangel an Einsichten oder durch Laster im Zustande der Unmündigkeit ist. Die beschränkte, auf volle Volksherrschaft begründete Monarchie trägt dagegen alle Vortheile der Republik und beugt allen Nachtheilen derselben vor. Es ist die von Gott gegebene Mittelstraße, die am sichersten zur Wohlfahrt des Volkes führt."

Insbesondere im Hinblick auf die im Mai anstehenden Wahlen meinte von Zuccalmaglio in der Ausgabe der „Freien Volksblätter vom 12. April 1848: „Unsere Bauersleute über diese und noch andere Fragen zu belehren, erscheint gewiss umso nöthiger, wenn man erwägt, dass diesen nicht wie den städtischen Arbeitern Bücher und Blätter zu Gebote stehen."

Die Maiwahlen 1848

Am 2. April 1848 kam im Weißen Saal des Berliner Schlosses der von Vertretern des rheinischen Liberalismus wie Gottfried Ludolf Camphausen, Hermann von Beckerath, David Hansemann und Gustav von Mevissen dominierte Vereinigte Landtag zusammen. Eine Abordnung der Demokraten oder gar der sich formierenden Arbeiterbewegung war dort nicht vertreten. Dennoch verbanden nicht wenige Menschen, auch im Bergischen Land, große Hoffnung auf Beschlüsse dieses Landtages, die ihren Forderungen Rechnung tragen würden.

Vorschläge zum Wahlrecht

Gottfried Ludolf Camphausen (1803–1890), in der Revolutionszeit von März bis Juli 1848 Ministerpräsident der preußischen Regierung, legte dem Landtag einen Gesetzentwurf für die Wahl zu einer preußischen Nationalversammlung vor. Dieser Entwurf war tatsächlich mehr dem Druck der Straße als Einsicht geschuldet, weshalb Camphausen am 7. Mai 1849 rückblickend äußerte, „die Forderung des Augenblicks" sei es gewesen, „gegen bessere Überzeugung das allgemeine Stimmrecht zu befürworten, damit die damalige Popularität meiner Persönlichkeit die heulenden Wölfe bis dahin, wo sie aufgezehrt sein würde, von Schlimmerem abhalte."

In der Tat spielte in jener Zeit, in der es Parteien nach unserem heutigen Verständnis noch nicht gab, die Popularität einer politisch engagierten Person oftmals eine entscheidendere Rolle als ein politisches Programm.

Nach den Bestimmungen des von Camphausen vorgestellten Gesetzentwurfes sollten alle männlichen Einwohner, die 24 Jahre alt waren, wahlberechtigt sein, sofern sie seit sechs Monaten in der Wahlgemeinde ihren Wohnsitz hatten, die bürgerlichen Ehrenrechte besaßen und keine Armenunterstützung bezogen.

Allerdings bezog sich dieses Wahlrecht auf ein indirektes Wahlverfahren, bei dem zunächst in einem ersten Wahlgang die sogenannten Wahlmänner und erst in einem zweiten Wahlgang die Abgeordneten gewählt wurden. Auf jeweils 500 Einwohner sollte im Durchschnitt ein Wahlmann entfallen.

Ein am 3. April aus den eigenen Reihen bestimmtes, aus fünfzig Abgeordneten bestehendes Gremium sollte bis zur konstituierenden Sitzung im Falle eines Notstandes zusammenkommen und notwendige Schritte einleiten.

Am darauf folgenden Tag trat in Frankfurt ein Zentralkomitee für die Wahlen der Nationalversammlung zusammen, zu dem auch fünfzehn Radikale, Anhänger des einer Adelsfamilie entstammenden Rechtsanwaltes und Publizisten Gustav Struve (1805–1870) und des Rechtanwaltes Friedrich Hecker (1811–1881) gehörten, die im Rahmen der Aufstände in Baden eine zentrale Rolle spielten. Einziger Rheinländer in diesem Komitee war Carl Ludwig Johann d'Ester (1813–1859), Armenarzt und Geburtshelfer in Köln. D'Ester war mit seinem Kölner Berufskollegen, dem seit 1844 mit Jenny und Karl Marx befreundeten Roland Daniels, Gründungsmitglied des Kommunistischen Korrespondenz-Komitees, dessen wesentliches Ziel die Internationalisierung der Arbeiterbewegung bildete.

Am 11. April erschien eine Verordnung der preußischen Regierung über die Wahl zur deutschen Nationalversammlung. Für die Rheinprovinz waren 35 Wahlbezirke vorgesehen. Deren Oberpräsident Franz August Eichmann wies die Bürgermeister am 15. April an, zur Vorbereitung der Wahl binnen sechs Tagen ein Namensverzeichnis aller volljährigen, selbständigen Männer der Gemeinden zu erstellen. In seinem Schreiben hieß es: „Der Zweck dieser Anordnung ist von außerordentlicher Wichtigkeit für das Vaterland, dass alle Behörden eine Ehre darin suchen müssen, die Aufgabe mit der größten Anstrengung und Gewissenhaftigkeit so rasch als möglich zu lösen."

Die Landräte hatten die Wahlvorbereitungen zu überwachen. Um diese Aufgabe erfüllen zu können, hatte Graf von dem Bussche-Kessel, Landrat des Kreises Solingen, am 17. April alle Bürgermeister dieses Kreises zu einer Konferenz zusammengerufen, also die von Burscheid, Höhscheid, Leichlingen, Merscheid, Monheim, Opladen, Richrath, Schlebusch, Solingen und Wald.

Bei dieser Gelegenheit wurde ihnen schriftlich folgende Bestimmung ausgehändigt: „Das Wahlgeschäft wird überall am 1. May dieses Jahres puncto 7 Uhr Morgens beginnen, die speziellere Eintheilung der Wahlbezirke, der Locale, in welchen die Wahlen abgehalten werden, und die öffentliche Einladung der Urwähler zur Theilnahme an den Wahlen, werden durch die betreffenden Herren Bürgermeister, in ortsüblicher Weise, noch besonders bekannt gemacht werden."

In einer Beilage zur Ausgabe der seit 1798 publizierten „Düsseldorfer Zeitung" vom 27. April 1848 war ein Hirtenbrief des Kölner Erzbischofs Johannes Baptist Jacob von Geissel (1796–1864) abgedruckt, der die Gläubigen zur Wahl aufforderte, über deren Bedeutung diese in den Gottesdiensten am

30. April belehrt werden sollten. Die von der katholischen Kirche ausgehenden Bemühungen, den Ausgang der Wahlen in ihrem Sinne zu beeinflussen, führte bei den konfessionell ungebundenen Arbeitern zu Hohn und Spott, der sich in Sprüchen wie dem folgenden äußerte: „Wo Soldaten kochen und braten, wo Geistliche in weltlichen Dingen raten, wo Weiber führen das Regiment, da nimmt es nie ein gutes End."

Schließlich mischte sich auch der Piusverein als Organisation des politischen Katholizismus in Köln in den Wahlkampf bezüglich der preußischen Nationalversammlung ein. In der Satzung des Vereins wurde als dessen Zweck aufgeführt, die „sozialen und politischen Fragen von christlichem, speziell katholischem Standpunkt aus zu behandeln und insbesondere die Freiheit, die Unabhängigkeit und das Wohl das katholischen Kirche zu wehren und zu fördern."

Ablauf der Wahlen

Am 1. Mai fanden die Urwahlen für die beiden konstituierenden Versammlungen statt. Gerichtsverhandlungen und Wochenmärkte durften, damit kein Wahlberechtigter an dem Akt des Wählens gehindert wurde, an diesem Tag nicht stattfinden. Laut Reglement zur Ausführung des Wahlgesetzes vom 8. April 1848 waren alle Wahlberechtigten in die Urwahllokale (Schulen, Kirchen, Gaststuben) zu laden. Den Vorsitz der Urwahlen führten die Honoratioren der jeweiligen Stadt bzw. Gemeinde.

In Odenthal kam es bei diesen Urwahlen zu einem Eklat. Der Wahlvorgang wurde von Bürgermeister P. J. Fritzen und dem Pfarrer Gottfried Müseler, der mit als Zähler der Stimmen eingesetzt war, abgebrochen, als sie erkennen mussten, dass der radikaldemokratische Anton Gladbach (1808-1873) die meisten Stimmen auf sich vereinigen konnte. Bürgermeister Fritzen erklärte die Wahlen kurzerhand für ungültig, was er damit zu begründen versuchte, dass angesichts der hohen Zahl an Wählern mehr Wahllokale hätten zur Verfügung gestellt werden müssen. Am 5. Mai wurden die Urwahlen in Odenthal wiederholt. Zum Leidwesen des Oberbürgers wurde Anton Gladbach als Wahlmann sowohl für Frankfurt als auch für die Preußische Nationalversammlung in Berlin gewählt.

Der am 30. November 1808 in Odenthal geborene Anton Gladbach, der zunächst an der Volksschule in Schallemich, ab 1837 in Odenthal unterrichte, war auf Betreiben von Bürgermeister und Pfarrer am 2. Juli 1847 wegen ungebührlichen Verhaltens aus dem Schuldienst entlassen worden. Vor den Urwahlen hatten Pfarrer Müseler und andere katholische Geistliche des Ortes von den Kirchenkanzeln offen gegen Gladbach agitiert, was jedoch offenbar das Gegenteil der erhofften Reaktion des Volkes provozierte. Möglich, aber nicht nachweisbar ist, dass der 1858 im heutigen Solinger Stadtteil Gräfrath geborene Schriftsteller Walther Schulte vom Brühl in seinem Roman „Die Revolutzer" sich bei der Charakterisierung des Anführers der von ihm beschriebenen Revolution stark an Gladbach orientiert hat.

Bei den Wahlen zur Nationalversammlung am 1. Mai 1848 waren es mehrheitlich dem Bildungsbürgertum Zugehörige aus Handel und Industrie, Universitätsprofessoren und Juristen, die zu den Siegern gehörten. Juristen, die den Beruf eines Rechtsanwaltes ausübten, gehörten in größerer Zahl zur Linken, so der in Elberfeld geborene Advokat Hugo Maximilian Wesendonck (1817–1900), der seit 1842 in Düsseldorf tätig war und zu den Gründern des dortigen Vereins für demokratische Monarchie gehörte.

Abb. 13: Gräfrath, um 1850

Nicht immer und überall war das Engagement der Angehörigen der Bürgergarden so wie erwartet, wie ein Schreiben von 11. Mai aus Solingen belegt: „Bedauernd haben wir mehreremale die Bemerkung machen müssen, wie wenig zahlreich die Sonntägigen und Mittwochs Exerzierübungen der Bürgergarde besucht werden und wie wenig demnach viele unserer Bürgergardisten ihren Beruf begreifen, oder gar nicht zu erfüllen geneigt sind. Wenn die Bürgergarde ihren Zweck ‚Schutz und Sicherheit der Person und des Eigenthumes, und wenn es Noth tut auch die Abwehr eines äußeren Feindes' erreichen soll, dann ist es durchaus notwendig, dass die Exerzierübungen vor allem regelmäßig besucht werden, damit im Falle der Gefahr auch Etwas geleistet werden kann."

Mit den am 22. Mai durchgeführten Wahlen zur preußischen Nationalversammlung in Berlin ging es König Friedrich Wilhelm IV. und Ministerpräsident Ludolf Camphausen darum, die unberechenbaren revolutionären Erhebungen zu schwächen, d. h. in steuerbare rechtliche Bahnen zu lenken.

Als Abgeordnete für die großen Städte Elberfeld und Barmen wurden die Juristen Wilhelm August Bredt (1817–1895) und Ludwig Benjamin Simons (1803–1870) sowie der aus Langenberg stammende kaufmännische Angestellte Gustav Hermann gewählt. Zu deren Vertretern bestimmte man den Bankier und Unternehmer Daniel von der Heydt (1802–1874), den Direktor der Barmer Gaserleuchtungsgesellschaft, Wilhelm Werlé (1804–1880) sowie den Juristen Gustav Brüning (1805–1865).

Der Landkreis Solingen wurde von dem 1787 in Romberg bei Pattscheid geborenen Johannes Müller vertreten, einem Parteifreund von der Heydts sowie des Abgeordneten Harkort aus Hagen. Wenngleich politisch rechts stehend, zeigte er in der 72. Sitzung des Berliner Parlaments, als über die Klassensteuer debattiert wurde, doch Unverständnis für den vorgelegten Gesetzesentwurf, den er im Hinblick auf die Arbeiterklasse als ungerecht empfand, was ihn zu der Frage animierte: „Wie kann ein Millionär nur mit 144 Thalern besteuert werden, während die niederen Klassen von nur 8 bis 10 000 Reichsthalern mit 15 bis 20 Reichsthalern besteuert werden?“ Am 28. Mai 1863, seinem 77. Geburtstag, schrieb er, nun in Imbach bei Bergisch Neukirchen beheimatet: „Als Bauernkind lernte ich früh die Mühen und Freuden dieser Wurzel aller Stände kennen.“ Als Abgeordneter des Kreises Solingen in der Nationalversammlung habe es für ihn „auch Gelegenheit gegeben, mich in höherer Sphäre umzusehen.“

Nach den Maiwahlen 1848

In einem Bericht des Düsseldorfer Landrats Emmerich Raitz von Frentz vom 29. Mai versicherte er dem Regierungspräsidenten, „dass die Stimmung des Volkes im Allgemeinen derart ist, dass man sich wieder nach Ruhe sehnt und selbige bald eintreten würde, wenn es nicht einzelne Aufwiegler gäbe", denen der Verfasser „staatsverbrecherische" Aktivitäten vorwarf. Sieben Tage später meldete von Frentz, „dass die Stimmung und das Verhalten des hiesigen Kreises gut war und nichts Ungewöhnliches darbot."

Die „Neue Rheinische Zeitung" und deren Bedeutung

Am 1. Juni 1848 erschien die erste Ausgabe der von Karl Marx und anderen Mitgliedern des Bundes der Kommunisten gegründeten „Neue Rheinischen Zeitung". Die Redaktion der Zeitung befand sich in Köln, Unter Hutmacher 17, auf dem heutigen Heumarkt. Bei dem mit beinahe 6000 Exemplaren bald schon mit zu den auflagenstärksten Presseorganen zählenden Blatt handelte es sich um eine der bedeutendsten Gazetten der Revolutionszeit. Sie bildete in Köln wie auch im Bergischen Land ein Gegengewicht zur auf der Breiten Straße von Joseph DuMont publizierten „Kölnischen Zeitung", die liberal und katholisch ausgerichtet war.

In der Redaktion der „Neuen Rheinischen Zeitung", die als „Organ der Demokratie" in ganz Deutschland Verbreitung fand, wirkten neben Karl Marx Heinrich Bürgers, Ernst

Dronke, Friedrich Engels, Ferdinand Freiligrath, Georg Weerth, Ferdinand und Wilhelm Wolff sowie der 1814 in Hückeswagen geborene Moritz Rittinghausen, der später als Kölner Abgeordneter zunächst dem Paulskirchen-Parlament, dann dem Vorparlament und der Nationalversammlung angehörte (1878 zog er als sozialdemokratischer Volksvertreter für den Kreis Solingen in den Reichstag ein). Selbstverständlich wurden die Genannten von der Kölner Administration bespitzelt und verfolgt.

In der „Neuen Rheinischen Zeitung" vom 7. Juni 1848 ließen sich Karl Marx und Friedrich Engels über die Programme der radikal-demokratischen Partei und der Linken in Frankfurt aus. Der Artikel ist auch in den Marx-Engels-Werken, Band 5, Berlin 1982, Seite 42, zu finden und verdeutlicht die Diskrepanz zwischen Marx, Engels und deren Anhängern sowie der Demokratischen Gesellschaft: „Wir stellen nicht das utopische Verlangen, dass a priori eine einige unteilbare deutsche Republik proklamiert werde, aber wir verlangen von der sogenannten radikal-demokratischen Partei, den Ausgangspunkt des Kampfes und der revolutionären Bewegung nicht mit ihrem Zielpunkt zu verwechseln. Die deutsche Einheit wie die deutsche Verfassung können nur als Resultat aus einer Bewegung hervorgehen, worin ebenso sehr die inneren Konflikte als der Krieg mit dem Osten zur Entscheidung treiben werden. Die definitive Konstituierung kann nicht dekretiert werden; sie fällt zusammen mit der Bewegung, die wir zu durchlaufen haben."

Ab dem Sommer 1848 kam es im Bergischen Land zur Neugründung oder regionalen Ausweitung politischer Vereinigungen. Um den in Düsseldorf im Volksklub aktiven radikalen Demokraten etwas entgegenzusetzen, bildete sich Anfang Juli ein „Allgemeiner Bürgerverein". In diesem Verein, der sich für eine konstitutionelle Monarchie stark machte, fand auch Eduard Hölterhoff, der noch Ende April den Arbeiterverein ins Leben rief, eine neue politische Heimat. Trotz Unterstützung durch die Regierung kam es mangels Engagements der etwa 800 der Mittel- und Oberschicht entstammenden Mitglieder zu keinen nennenswerten Beteiligungen am politischen Geschehen.

Ein in Gummersbach gegründeter, liberal ausgerichteter Bürgerverein bestimmte den Arzt Dr. Ludwig Winckel zu seinem Vorsitzenden. Nach ihm ist in dem heutigen Ortsteil Rospe eine Straße benannt.

Ein Anfang Juli in Mülheim am Rhein gegründeter Arbeiterverein, „welcher", so berichtete die Neue Rheinische Zeitung vom 12. Juli 1848, „in seiner ersten Versammlung 400 Theilnehmer nachwies", verzeichnete in der Folgezeit einen weiteren Zulauf an Mitgliedern, unter denen sich neben Arbeitern auch viele Lehrer befanden. Der Arbeiterverein, der von dem Seidenweber Franz Bengel sowie dem Kaufmann Ludwig Lucas geführt wurde, nahm als einer von vierzehn auswärtigen Vereinen am ersten rheinischen Demokratenkongress am 13. und 14. August 1848 in Köln teil. Dort ging es auch um Kooperation der einzelnen Arbeitervereine. Es gelang dem Arbeiterverein Mülheim am Rhein in kurzer Zeit, Filialvereine in Bensberg, Gladbach, Odenthal, Overath und Rösrath zu gründen.

Unter Beteiligung von 300 Abgeordneten der Frankfurter Nationalversammlung und des Preußenkönigs Friedrich Wilhelms IV. wurde vom 13. bis 16. August 1848 in Köln ein Dombaufest zelebriert, anlässlich dessen das 600-jährige Jubiläum der Grundsteinlegung des Dom gefeiert wurde. Bei dieser Gelegenheit wollte der König am 14. August im Düsseldorfer Schloss Jägerhof Prinz Friedrich Wilhelm Ludwig von Preußen besuchen. Königstreue aus dem gesamten Bergischen Land machten sich auf, um dem König zuzujubeln. Auf dem Weg zum Schloss Jägerhof passierte dieser die Kastanienallee, auf der er nicht nur von Anhängern begeistert begrüßt wurde, sondern sich einem Bombardement mit Pferdeäpfeln zu erwehren hatte. Noch unter diesem Eindruck stehend berief der König den als Kommandeur im Dienste der 20. Division in Düsseldorf stehenden Prinzen nach Berlin zurück.

Um einen Teil der notleidenden Bevölkerung in Arbeit und Brot zu bringen, beschlossen einige Stadt- und Gemeinderäte wieder öffentliche Arbeitsbeschaffungsmaßnahmen. So wurde am 18. August mit dem Bau einer Straße zwischen Bergisch Gladbach und Wipperfürth begonnen.

In der Ausgabe vom 19. August 1848 des seit Anfang Juni 1830 bestehenden „Lenneper Kreisblattes" wurde von der Existenz eines örtlichen Arbeitervereins berichtet: „Sonntag, den 20. August, abends 6 Uhr Arbeiterverein im Saal der Frau Witwe Mehler, um zahlreiches Erscheinen bittet das Comitee."

Am 11. September 1848 kam es in Köln zu Auseinandersetzungen zwischen Soldaten des Füsilierbataillons des 27. Infanterieregiments, das gerade im Blankenheimer Hof, nach seinem Bauherrn Philipp Christian Graf von Sternberg und Manderscheid (1732–1811) auch Sternberger Hof genannt, kaserniert worden war, und Kölner Bürgern. Die Soldaten zogen randalierend durch die Straßen, gingen mit gezogenen Säbeln wahllos auf Bürger los, wodurch es zu zahlreichen Verletzungen kam.

Vorsorglich ließ man bei Anbruch der Dunkelheit die Kaserne durch die Bürgerwehr schützen. Dennoch kam es zu Sachbeschädigungen am Gebäude. Als am folgenden Tag das Bataillon vorsorglich aus Köln abgezogen wurde, gab dies Anlass für weitere Eskalationen.

In Ratingen gründeten am 13. September ca. 120 Bürger einen demokratischen Verein, der in seinen Hochzeiten bis zu 300 Mitglieder – Arbeiter, Handwerker und Kaufleute – zählte.

Die am 16. September 1848 erfolgte Abstimmung von Malmö, die den Krieg um das mit dem dänischen Königshaus verbundene von Dänen, Deutschen und Friesen bewohnte Herzogtum Schleswig beenden sollte, führte in Frankfurt zu Aufständen, in deren Folge am 18. September zwei konservative Abgeordnete der Frankfurter Nationalversammlung, Felix Fürst von Lichnowsky und Hans von Auerswald, zu Tode kamen. Nachdem im Zentrum der Stadt durch Aufständische Barrikaden errichtet wurden, schlugen preußische und österreichische Bundestruppen, die von der Nationalversammlung um Hilfe ersucht worden waren, die Erhebung gewaltsam nieder. Auch in Köln kam es zu Aufruhr. An einer Volksversammlung am 20. September nahmen mehr als 2000 Personen teil.

Bereits zwei Tage zuvor, also am 18. September, kam es auf der Worringer Heide, 1288 Austragungsort der Entscheidungsschlacht zwischen den Heeren des Kölner Erzbischofs Siegfried von Westerburg und Herzog Johann I. von Brabant, zur größten Volksversammlung der Revolutionszeit in der hiesigen Region. Vor etwa 10000 Beteiligten sprachen u. a. Friedrich Engels und der aus Düsseldorf angereiste Ferdinand Lassalle. Rote und schwarz-rot-goldene Fahnen symbolisierten die politische Haltung der hier Zusammengekommenen.

Am 21. September 1848 wurde Ernst Heinrich Adolf von Pfuel, der von September 1830 bis Mai 1831 Erster Kommandant von Köln war, zum Ministerpräsidenten und Kriegsminister ernannt.

Am 25. September kam es am frühen Morgen in Köln zur Gefangennahme von Friedrich Engels und einigen Mitstreitern, unter ihnen der in Elberfeld geborene Hermann Heinrich Becker, der schon während seiner Schulzeit seiner politischen Ansichten wegen „roter Becker" genannt wurde. Während Friedrich Engels sich dem Zugriff der Polizei zu entziehen vermochte und Maximilien Joseph Moll von aufgebrauchten Kölnern aus den Fängen der Ordnungskräfte befreit werden konnte, wurden Hermann Heinrich Becker und Karl Schapper in Haft genommen. Eine am Mittag am Alten Markt veranstaltete Volksversammlung, bei welcher der am Vormittag der Exekutivgewalt entkommene Moll bereits wieder als Redner auftrat, wurde durch die Polizei mit Unterstützung der Bürgerwehr aufgelöst. Am Abend kam es jedoch wieder zu einem Menschenauflauf am Alten Markt.

Das Düsseldorfer Schwurgericht verhandelte am 3. Oktober gegen den Dichter Ferdinand Freiligrath, der aufgrund seines im Juni in Düsseldorf verfassten Gedichtes „Die Todten an die Lebenden", das er dort am 1. August 1848 unter großem Beifall öffentlich vortrug, der Aufreizung zu hochverräterischen Unternehmungen angeklagt wurde:

So war's! Die Kugel mitten in der Brust, die Stirne breit gespalten,
so habt ihr uns auf schwankem Brett auf zum Alten gehalten!
„Herunter!" – und er kam gewankt, gewankt an unser Bette;
„Hut ab!" – er zog – er neigte sich! (so sank zur Marionette,
der erst ein Komödiante war) – bleich stand er und beklommen!
Der Heer indes verließ die Stadt, die sterbend wir genommen!
Dann „Jesus meine Zuversicht!" wie ihr's im Buch könnt lesen:
Ein „Eisen meiner Zuversicht!" wär passlicher gewesen!

Der von der Franck'schen Buchdruckerei publizierte Text wurde innerhalb Düsseldorfs seit dem 1. Oktober zum Preis von 1 Silbergroschen verkauft und fand schnell Verbreitung. Die Geschworenen sprachen Freiligrath von dem gegen ihn gerichteten Vorwurf frei, was im Gerichtssaal wie auf den Straßen und in den Lokalen zu Jubel führte.

In dem als „Organ für die Interessen der arbeitenden Klasse" vom Arbeiterverein Lennep herausgegebenen „Arbeiter-Blatt" hieß es in der Ausgabe vom 15. Oktober 1848 zu den Zielen des Vereins: „Derselbe wird es sich angelegen sein lassen, unter seinen Mitgliedern, wie unter der ganzen arbeitenden Klasse, eine richtige Ansicht über den misslichen Stand der Arbeiterfrage zu entwickeln; er wird gestützt auf die Erfahrungen seiner Mitglieder, besonders der älteren, die Ansichten über die Mittel zur Lösung dieser Frage zu vereinigen und eine Verständigung über die daraus entspringenden Anträge, und deren Ausführung mit dem Stande der Arbeitgeber zu erwirken suchen."

Am 17. Oktober wurde ein Bürgerwehr-Gesetz erlassen, das die auf demokratischer Basis gegründeten Bürgergarden für aufgelöst erklärte.

Gründung weiterer Vereine

Zur Gründung des Rösrather Arbeitervereins kam es am 23. Oktober 1848, bei dem als Redner der Richter Peter Josef Fischbach, die Mitglieder des Gemeinderates Franz Bengel, Johann Jakob Euler und sowie ein zum Kreis um Carl Schurz gehörender Student, der am 8. Januar 1825 in Rambrücken bei Rösrath geborene Johann Peter Hatterscheid, auftraten.

Neben dem Arbeiterverein gründete sich in Mülheim am 27. August noch ein demokratischer Verein, bei dessen Konstituierung der Bonner Professor für Kunst-, Literatur- und Kulturgeschichte, Theologe und Politiker Gottfried Kinkel (1815–1882) zugegen war. Zum Vorsitzenden wurde Heinrich Rolshoven, zu dessen Stellvertreter Peter Josef Fischbach gewählt.

Am 1. Oktober 1848 kam es in Köln zudem zur Gründung der „Rheinischen Volkshalle", einer Tageszeitung, die den rechten Flügel des Katholizismus repräsentierte. Das unter der Redaktionsleitung von Wilhelm von Chézy (1806–1865) herausgegebene Blatt fand seine Leserschaft weit über die Rheinlande hinaus, so dass das Nachfolgeblatt „Deutsche Volkshalle" genannt wurde. Bis zum Verbot am 10. Juli 1855 galt die „Deutsche Volkshalle" als führendes Presseorgan des deutschen Katholizismus.

Nachdem mehr als 500 Arbeiter, die im Frühjahr mit dem Ausbau einer Rheindüne, der sogenannten Golzheimer Insel, beauftragt worden waren, Anfang Oktober 1848 ohne weitere Beschäftigung und Lohn dastanden, bestimmten sie eine Abordnung, die eine Sitzung des Stadtrates nutzte, um eine Petition zu übergeben, in der sie weitere Arbeit forderten. Diese Szene soll der in Remscheid geborene sozialkritische Genremaler Johann Peter Hasenclever in seinem heute im Museum Kunstpalast in Düsseldorf ausgestellten Gemälde „Arbeiter vor dem Magistrat" nachempfunden haben.

Am 17. Oktober wurde ein Gesetz erlassen, demgemäß die Bürgergarden in Bürgerwehren umzubenennen waren.

Am 5. November 1848 kam es in dem zum Kirchspiel Remlingrade gehörenden Vogelsmühle zur Gründung eines Arbeitervereins, bei dem es sich um einen Filialverein des in Lennep bestehenden gehandelt haben dürfte.

In Gerresheim konstituierte sich am 8. Oktober eine radikal-demokratische Bewegung, angeführt von Dr. med. Peter Joseph Neunzig, einem „Gemeinde-Armen-Arzt", dessen Eltern im Hause Bolkerstraße 45 eine Gastwirtschaft betrieben hatten. Es sprachen u. a. der Dichter Ferdinand Freiligrath, Ferdinand Lassalle, der in Bochum geborene Jurist Julius Wulff, der Kaufmann Emil Gottfried Rockmann und der Leiter der Düsseldorfer Bürgerwehr, Lorenz Cantador. Im Anschluss an die Gründung des sogenannten „Volksclubs" kam es zu einem Demonstrationszug durch Gerresheim, in dem viele demokratisch Gesinnte ihr Zuhause hatten. Thematisiert wurde bei diesem Marsch der Arbeiter auch der am 3. Oktober gegen Ferdinand Freiligrath durchgeführte Prozess wegen Anstiftung zur Revolution.

Abb. 14: Carl Schurz

Auch in den ländlichen Regionen des Bergischen Landes regte sich weiterhin Widerstand. So berichtete ein Gendarm namens Kilian, der in dem an der Grenze zwischen dem Bergischen Land und dem Westerwald liegenden Eitorf seinen Dienst versah, über das folgende Geschehnis: „Am 6. August 1848 wurde ich von Bürgermeister Engels aufgefordert, dem Polizeisergeanten Haucke bei der Verhaftung des Ackerers Philipp Daniels zu Huckenbröl Beistand zu leisten. Der Daniels hatte eine Polizeistrafe im Arresthaus zu Eitorf zu verbüßen; er ist jedoch auf mehrmalige Aufforderung, seine

Strafe anzutreten, nicht erschienen. Als wir zu Huckenbröl ankamen, befand sich der Daniels vor der Türe seines Hauses. Er wurde von uns aufgefordert, mit uns zu gehen und seine Strafe anzutreten. Hierauf erwiderte er: ‚Ich gehe nicht mit euch, bis zum Mai dann hat euch der Teufel samt dem Bürgermeister geholt.' Hierauf sprang er in den Flur seines Hauses, ergriff seine Mistgabel, nahm Stellung gegen den Polizeisergeanten Haucke und drohte, ihn zu erstechen, indem er sagte: ‚Jetzt kommt her! Der Teufel soll euch holen.' Die Verhaftung konnte, ohne dass ein großes Unglück vorgefallen wäre, nicht vollstreckt werden, weshalb wir davon abstanden. Wir teilten jedoch dem Daniels mit, dass er wegen tätiger Widersetzung gegen Beamte gerichtlich belangt werden würde."

Anlässlich einer Kreisversammlung der Demokraten, die am 12. November 1848 in Bergisch Gladbach, das seit Kurzem erst den Zusatz „Bergisch" führte, stattfand und an der als Gäste auch Gottfried Kinkel und Carl Schurz teilnahmen, wurde eine Petition mit folgendem Wortlaut an die Berliner Nationalversammlung gerichtet: „Wir legen Protest ein gegen den durchaus unkonventionellen Übergriff der Krone, der in dem Versuche lag, eine constituierende Versammlung zu vertagen und einseitig die Verlegung an einen anderen Ort zu verordnen. Wir erklären ein Ministerium für ein nicht konstitutionelles, vom Lande nicht anzuerkennendes, das nicht bloß ohne Majorität in der Kammer, sondern gegen den so gut wie einstimmigen Willen der Kammer aufrecht gehalten werden soll."

Karl Marx und Gottfried Kinkel plädierten in Reden und Schriften für Steuerverweigerung, um zu protestieren. So äußerte Kinkel in der Bonner Zeitung vom 18. November 1848: „Wer jetzt Steuern zahlt, bevor die Krone nachgegeben und sich völlig unter den in seinen Volksvertretern ausgesprochenen Volkswillen gebeugt hat, der ist mitschuldig an dem

Hochverrat des Ministeriums Brandenburg.“ Nach der Publikation dieses Artikels wurde Kinkel in Haft genommen und in einem gerichtlichen Verfahren des Aufruhrs gegen die Staatsgewalt schuldig gesprochen. Der Boykottaufruf fand in der Bevölkerung kaum Widerhall.

Nachdem am 19. November Tausende zu einer Großdemonstration in Düsseldorf zusammengetroffen waren, wurde über die Stadt der Belagerungszustand verhängt.

Auflösung der Nationalversammlung und Vorbereitung von Neuwahlen

Laut der Verfassung von 1848 wurde die Devise „Freiheit, Gleichheit, Brüderlichkeit“ zu einem „Grundsatz“ der Republik erhoben, den eine in Köln erscheinende Zeitung zu ihrem Namen erwählte. In der Ausgabe vom 26. November 1848 stand darin zu lesen: „Das Los der Armuth und Arbeitslosigkeit ist ein entsetzliches. Wie unglücklich ist der brave Mann, der seinem Weibe und Kindern kein Stück Brot, keinen Schutz gegen Wetter und Kälte zu geben vermag.“

Am 5. Dezember 1848 kam es zur Auflösung der preußischen Nationalversammlung und zu einer neuen Verfassung, die als wesentliche Neuerung ein Zweikammersystem vorsah. Nach Artikel 50 sollte die gesetzgebende Gewalt gemeinschaftlich durch den König und die beiden Kammern ausgeübt werden. Die neue Verfassung war zwar vom König diktiert worden, entsprach inhaltlich jedoch in vielen Bereichen den Forderungen der Liberalen.

Waren bei den Wahlen vom 1. Mai 1948 erst pro 500 Einwohner ein Wahlmann zu bestimmen, so nunmehr bereits ab 250 Einwohnern ein Wahlmann, der an der Wahl der Abgeordneten zur zweiten Kammer zu beteiligen war.

Durch die Auflösung der Nationalversammlung und die oktroyierte Verfassung wurden Neuwahlen erforderlich, die im Januar 1949 durchgeführt werden sollten.

Bereits am 10. März 1848 sandte Otto Theodor Freiherr von Manteuffel (1805–1882), seit dem 8. November 1848 nun Minister des Inneren im Kabinett von Friedrich Wilhelm Graf von Brandenburg (1792–1850), an die Regierungspräsidenten einen Erlass, in dem es u. a. hieß: „Das Resultat der nächsten Wahlen wird von so großem Einfluss auf die Geschicke des Landes sein, dass es durchaus notwendig ist, alle in den Händen der königlichen Behörden liegenden Mittel in Anwendung zu bringen, damit den Wühlereien der anarchistischen Partei entgegengewirkt werde und eine der bestehenden Verfassung zugetane Volksvertretung aus freien Wahlen hervorgehe. Hierauf mit allen seinen Kräften hinzuwirken und betreffenden Behörden zu diesem Zwecke mit der geeigneten Instruktion zu versehen, will ich dem Königlichen Regierungspräsidium hiermit ausdrücklich empfohlen haben."

Das Solinger Kreis-Intelligenz-Blatt vom 23. Dezember 1848 zitierte den fraktionslosen Abgeordneten der Klingenstadt in der Frankfurter Nationalversammlung, Ernst Moritz Arndt, mit den Worten: „Deutschland, und Preußen mit Deutschland und in Deutschland, wird ein würdiges Maaß wahrer Freiheit und Gesetzlichkeit und mit ihnen eine Einheit und Macht gewinnen, welche es noch immer besessen hat." Ebenso veröffentlicht wurde in dieser Ausgabe der Zeitung das Programm der Ende November von den im Märzverein zusammengeschlossenen Abgeordneten der Linken Johann Gottfried Eisenmann, Franz Raveaux, Max Simon sowie des in Elberfeld geborenen Hugo Wesendonck und anderer.

Hermann Roese, der zunächst in Gräfrath lebte, dann in Mülheim am Rhein den Gasthof „Zum goldnen Wagen“ betrieb und im Januar 1848 nahe der Rathausgasse in Solingen eine Brauerei errichtete, war bald einer der engagiertesten Verfechter der Revolution. In der seiner Brauerei angeschlossenen „Roese'schen Bierhalle, einem Vorgänger des „Cölner Hofs“, kam es immer wieder zu Volksversammlungen, zu denen er als Vorsitzender des Demokratischen Clubs einlud.

Abb. 15: Ernst Moritz Arndt

Ein in der Hofschaft Schlicken wohnender Gustav Wupper reagierte mit folgender Anzeige in der Zeitung vom 27. Dezember 1848 auf die Einladung zu einer dieser Versammlungen: „Antwort auf die schriftliche Einladung des Herm. Röse, Präsident des Klub, an mich, am 27. Dieses, einer Versammlung in seiner Bierkneipe beizuwohnen etc. – erwidere demselben himit: dass, mit dergleichen Anträgen, er künftig sich lieber an Faulbälge und Subjekte seines gleichen wenden möge; in dem ich mich zum Tierlockvogel und Narrenhänselein nicht gebrauchen lasse. – Dagegen aber rufe ich, mit den Rechtschaffenen, aus voller Brust: Hoch lebe der König!“

Zum Ende des Jahres 1848 vermerkte der Solinger Pastor Altfried Hengstenberg: „Seit den Wahlaufregungen im April, die sich mit dem leidenschaftlichen Ingrimm der Gemüther gegen die Gießereien und gegen die Bedrückungen der Reichen, der Kaufleute pp. Vermischte, nahm Neid, Unzufriedenheit, Haß und Erbitterung mehr socialer, als politischer Natur in unserer Gemeinde auf eine angsterweckende Weise zu. Die Kirchen wurden leerer, als je, Gottes Wort vermochte kaum noch Eingang in die Gemüther zu finden, selbst die sonst von christlich gesinnten Leuten fleißig besuchten Bibelstunden wurden nur noch von wenigen frequentiert."

Am 31. Dezember 1848 versicherte der Düsseldorfer Regierungspräsident Adolph Theodor Freiherr von Spiegel-Borlinghausen und zu Peckelsheim dem Innenminister: „Dass ich alles, was in meinen Kräften liegt, tue, um auch sonst auf den Ausfall der Wahlen im konservativen Sinne hinzuwirken, versteht sich von selbst."

In Verfolgung des in dem Erlass des Freiherrn von Manteuffel vorgetragenen Ziels ließ der Regierungspräsident, wissend, dass in Düsseldorf, Gerresheim, Kaiserswerth und Ratingen der Zuspruch für die Demokraten beträchtlich ausfallen würde, Wahlkreise neu zuschneiden, um deren Chancen bei den bevorstehenden Wahlen zu vermindern. Daraufhin berichtete er in einem am 31. Dezember 1848 verfassten Schreiben an den Innenminister, dass „die vorstehend angegebenen Einteilungen die besten seien, um mit möglichster Zuverlässigkeit auf durchgängig konservative Wahlen rechnen zu können", waren doch insbesondere in Düsseldorf, Gerresheim, Kaiserswerth und Ratingen die Anhänger der Demokraten nicht gering.

In einer drei Tage zuvor auf Einladung des Düsseldorfer Regierungspräsidenten durchgeführten Konferenz der Landräte, bei der die Einteilung der Wahlkreise auf der Tagesordnung stand, wurde auch darüber diskutiert, wie auch sonst noch Einfluss auf den Ausgang der Wahl genommen werden könnte. Um manipulativ einzuwirken, forderte Emmerich Raitz von Frentz, Landrat zu Düsseldorf, die Bürgermeister des Landkreises mit Schreiben vom 5. Januar 1849 auf, durch sorgsame Auswahl der Wahlmänner „sicherzustellen, um auf diese Weise dafür zu sorgen, dass die Wahlen wirklich frei stattfinden und nicht den Einflüssen des wirklich bestehenden Elements ausgesetzt sind."

Die Wahlen zur 1. und 2. Preußischen Kammer (Januar/Februar 1849) und anschließende Einführung des Dreiklassenwahlrechts

„Wahlkampf" von rechts und links

Aufgrund der auf den 22. Januar terminierten Wahlen zur 2. Kammer sowie der auf den 5. Februar bestimmten Wahl der 1. Kammer war der Anfang des Jahres 1949 vom Wahlkampf bestimmt.

Die katholische Kirche, die sich mit der oktroyierten Verfassung zu arrangieren vermochte, sah nicht die Notwendigkeit weitreichenderer Demokratisierung. Für sie war die Monarchie jene Staatsform, die ihrer Ideologie am meisten entsprach und die ihre Interessen am ehesten garantierte.

Der Kölner Erzbischof Johannes von Geissel, der das Protektorat der nach der Märzrevolution gegründeten Piusvereine innehatte , die sich für kirchliche Freiheit und Unabhängigkeit einsetzen, appellierte in einem Rundschreiben vom 7. Januar 1849 an die katholischen Vereine der Erzdiözese, die Bedeutsamkeit der bevorstehenden Wahlen zu bedenken: „Keiner bleibe bei dem Wahlgeschäft zurück – sondern wählen Sie alle – und wählen Sie Männer, welche die Bedeutung des hohen Werkes, zu dem sie gesandt werden sollen, klar erkennen, den Ernst der ihnen ertheilten Sendung lebendig fühlen, um sie mit Ernst und Gewissenhaftigkeit, mit Muth und Entschiedenheit, ohne selbst- und Parteisucht zu lösen befähigt und auch gewillt sind, redliche, loyale, gewissenhafte Männer, die es gleich aufrichtig und gut meinen mit dem

König wie mit dem Volke, mit Kirche und Staat, mit Ordnung und Gesetzlichkeit, mit Gott und den Menschen."

Ein Hirtenbrief von Melchior Ferdinand Joseph Freiherr von Diepenbrock (1798–1853), am 15. Januar 1845 auf ausdrücklichen Wunsch des Papstes Gregor XVI. (1765–1846) zum Bischof von Breslau gewählt und vom 19. Mai bis 29. August 1848 Mitglied der Frankfurter Nationalversammlung, fand nicht nur in den Städten und Gemeinden des Bergischen Landes Verbreitung, sondern wurde auch in der Düsseldorfer Zeitung vom 10. Januar 1849 vollständig abgedruckt: „Hat ein auswärtiger Feind unser Vaterland mit Krieg überzogen und uns aus unserem Besitz verdrängt, unser Eigentum geraubt und die eiserne Kette der Knechtschaft an unsere Hände gelegt? Nein, aus unserer Mitte ist das Verderben ausgegangen, und die Geißel, die Tausende wund geschlagen, ist von diesen Tausenden selbst geflochten worden!"

Am 8. Januar 1849 versammelten sich auf einer vom Arbeiterverein Overath einberufenen Versammlung etwa 300 Personen. Zu den Rednern gehörte auch Anton Gladbach.

Der Mülheimer Arbeiterverein veranstaltete am 11. Januar 1849 ein sogenanntes „demokratisches Bankett", wie auch Kinkel es in Endenich, dem heutigen Stadtteil Bonns, organisiert hatte. Zu den Gästen der Mülheimer Veranstaltung zählten Gottfried Kinkel, Carl Schurz sowie Friedrich Engels und Karl Marx, der den Anwesenden die Notwendigkeit internationaler Solidarität der Arbeiter darlegte.

Marx, der den Klassenkampf in Frankreich mit großem Interesse verfolgte, sprach sich für eine Allianz zwischen Proletariat und Kleinbürgertum aus, wie er sie im Nachbarland durch Lois Blanc, utopischer Sozialist und Begründer der Sozialdemokratie, und den Botaniker Francois-Vincent Raspail, im Jahr 1848 französischer Präsidentschaftskandidat der Sozialisten, einerseits, und Alexandre Auguste Ledru-Rollin, vom 24. Februar bis 11. Mai 1848 Innenminister, andererseits verkörpert sah.

Wie auch sein Freund Engels betrachtete er den Kampf um die bürgerliche Demokratie als notwendiges Stadium auf dem Weg zum Sozialismus.

Dem von den beiden Freunden propagierten Bündnis zwischen Proletariat und Bourgeoisie mangelte es – zumindest aus heutiger Sicht – zu jener Zeit bereits an einer realistischen Grundlage, denn längst schon hatte sich letztere auf die Seite der reaktionären Kräfte geschlagen.

Bis unmittelbar vor die auf den 22. Januar terminierten Urwahlen zur 2. Kammer wurde von allen politischen Seiten Wahlkampf geführt. So kam es am Vorabend in vielen Orten, zum Beispiel in Eller, zu Volksversammlungen.

In der Ausgabe der Neuen Rheinischen Zeitung vom 30. Januar 1849 fand ein immerhin 500 Mitglieder zählender Arbeiterverein in Hückeswagen Erwähnung, das zum Kreis Lennep gehörte und erst zehn Jahre Stadtrechte erhalten sollte. Hier gründete übrigens der Notar und Schriftsteller Vinzenz von Zuccalmaglio ein Jahr zuvor einen Jünglingsverein, der sich insbesondere der Handwerkgesellen annahm. Zum Stiftungsfest erschien der Kölner Domvikar Adolph Kolping, der 1850 unter Einschluss vergleichbarer Vereine aus Düsseldorf und Elberfeld den „Rheinischen Gesellenbund“ ins Leben rief.

Die Wahl der Abgeordneten zur 2. Kammer erfolgte am 5. Februar 1849. Allein in Elberfeld kamen 700 Wahlmänner zusammen, um vier Abgeordnete zur 2. Kammer zu wählen. Wie insgesamt traten auch hier die konservativen Kräfte als Wahlsieger hervor. Die vier gewählten Abgeordneten waren der Minister August von der Heydt, der Elberfelder Weber Johann Abraham Schmidt, der Kaufmann Gustav Hermann aus Langenberg und der Düsseldorfer Rechtanwalt Jakob Scherer.

Wahlrecht benachteiligt Besitzlose

Die politische Stimmung der Gesamtbevölkerung wurde durch das Ergebnis dieser Wahl nicht repräsentiert, waren die Demokraten allein schon durch das Wahlsystem erheblich benachteiligt. Die meisten ihrer Sympathisanten waren unter denen zu finden, die nicht zur Wahl zugelassen waren: z.B. Bezieher von Armenhilfe, Dienstboten, Mägde. Wie wenig der Wahlausgang den politischen Willen der Öffentlichkeit widerzuspiegeln vermochte, mag deutlich werden, wenn man sich vergegenwärtigt, dass in der Stadt Köln nur jeder vierte Bürger wahlberechtigt war.

Die Urwahlen zur 1. Kammer waren für die Bevölkerung von geringem Interesse, stand doch aufgrund der Tatsache, dass nur die Finanzkräftigsten zu den Urwählern zählten, ein Sieg der Konservativen a priori fest.

Nach den Wahlen im Januar und Februar blieb im Bergischen Land die Frage, wie die sozialen Probleme zu lösen seien, weiterhin virulent. Bereits kurz nach den Wahlen kam es in Blankenberg und Uckerath, beides Ortsteile der heutigen Stadt Hennef, zu Volksversammlungen, bei denen auch Vertreter des Kölner Arbeitervereins als Redner auftraten. Auch Flugblätter, unterzeichnet u. a. von Karl Marx, Friedrich Engels, Karl Schapper und Joseph Moll, wurden in einigen Gemeinden des nunmehrigen Rhein-Sieg-Kreises verteilt, in denen eine Verbrüderung der Bauernschaft, der Kleinbürger und des Proletariats sowie die Aufhebung von Feudallasten gefordert wurden. Bezüglich Letzterem sollte sich die von Karl Marx geleitete „Neue Rheinische Zeitung“ am 8. April den auf Burg Herrnstein bei Ruppichteroth hausenden Grafen Droste zu Vischering von Nesselrode vornehmen, der von der Bevölkerung der Gegend ungeachtet deren Armut und Not den Zehnten, also eine zehnprozentige Steuer, die in Geld oder Naturalien zu zahlen war, eintreiben ließ.

In der Ausgabe dieser Zeitung vom 14. Februar 1849 wurden die Verteidigungsreden von Karl Marx und Friedrich Engels im Prozess um einen Artikel veröffentlicht. Dieser Artikel, zu finden in der Ausgabe der „Neuen Rheinischen Zeitung“ vom 5. Juli 1848, informierte über die Verhaftung von zwei Mitgliedern des Kölner Arbeitervereins. Die beiden Autoren unterstellten dem zuständigen Oberstaatsanwalt Carl Hermann Zweiffel politische Motive.

Die Verteidigungsrede von Karl Marx wurde auch in Band 6 der Marx-Engels-Werke publiziert: „Ich für meine Person, versichere Ihnen, meine Herren, ich verfolge lieber die großen Weltgegebenheiten, ich analysiere lieber den Gang der Geschichte, als dass ich mich mit Lokalgötzen, mit Gendarmen und Parquets herumschlage. So groß diese Herren sich in ihrer eignen Einbildung dünken mögen, sie sind nichts, durchaus nichts in den riesenhaften Kämpfen der Gegenwart.“ In der Tat war Marx weitaus mehr Berichterstatter und Analysant der Geschehnisse auch in Köln, als dass er vor Ort aktiv eingegriffen hätte.

Erwähnenswert ist, dass am 19. Februar 1849 vom Hildener Gemeinderat beschlossen wurde, dass „sich auch Witwen“ an den nächtlichen Sicherheitswachen beteiligen dürfen.

Der 18. März 1849 war der Jahrestag der Berliner Barrikadenaufstände, des Höhepunktes der Märzrevolution. Die Regierung fürchtete, dass die demokratisch gesinnten Bevölkerungsteile im Gedenken an dieses Ereignis Feiern und Kundgebungen organisierten. Um einen Überblick über solche Vorbereitungen zu bekommen, wurden die Regierungspräsidenten und Landräte aufgefordert, über diesbezügliche Erkenntnisse zu berichten. Der Düsseldorfer Polizeidirektor von Faldern hatte für seinen Verantwortungsbereich jegliche öffentlichen Kundgebungen verboten.

In Städten wie beispielsweise Elberfeld und Solingen, wo solche Kundgebungen bereits geplant waren, wurden sie von den Veranstaltern abgesagt und in geschlossene Räume verlegt. In Elberfeld versammelten sich 1500 Personen, in Solingen 600. In Gerresheim, Kaiserswerth und Ratingen kam es in Wirtshäusern zu Feierlichkeiten, an denen jeweils etwa 50 Personen teilgenommen haben dürften. In Bensberg trafen sich demokratisch gesinnte Bürger im Wirtshaus Kolf. Von Bürgermeister Wachendorff angefordertes Militär löste auf dessen Geheiß hin diese geschlossene Versammlung auf, wobei es zu zahlreichen Verletzten kam.

In Rösrath hatten sich bereits am Nachmittag des 18. März zahlreiche Menschen versammelt, um gemeinsam zum Wirtshaus Wasserfuhr zu ziehen, vor dem sie eine deutsche Eiche pflanzten, wohl ihres harten Holzes und wetterbeständigen Laubes wegen schon bei den Germanen Symbol von Standhaftigkeit, während der Zeit der Romantik zudem der Treue. Nun war sie auch bildlicher Ausdruck demokratischer Gesinnung.

In Overath wurde schon am 17. März Militär aus Deutz einquartiert, das sich, nachdem es zu keinen Ausschreitungen kam, am 21. März wieder zurückzog. Wie in Rösrath, so pflanzten auch hier die Demokraten eine Eiche als Freiheitsbaum. In Bensberg war dies bereits am 17. März geschehen.

Friedrich Wilhelm IV.
Wahl zum Kaiser und Ablehnung der Kaiserkrone

Seit dem 19. Oktober 1848 dauerten die Beratungen der deutschen Nationalversammlung über die Reichsverfassung an, bis diese am 28. März 1849 verkündet und Friedrich Wilhelm IV. zum Kaiser gewählt wurde.

Als diese Nachricht mit ein- oder zweitägiger Verzögerung im Bergischen Land ankam, wurden vielerorts die Glocken geläutet.

An diesem Tage kam der Stadtrat in Solingen zu einer Sitzung zusammen. Am 30. März wandte er sich mit einem Schreiben folgenden Inhalts an König Friedrich Wilhelm IV. von Preußen: „Majestät! Mit jubelnder Begeisterung haben wir die Kunde von der Wahl Euer Majestät zum deutschen Kaiser vernommen und ein tiefes Bedürfnis unseres Herzens drängt uns, Euer Majestät zu diesem hochwichtigen Ereignis unsere innigsten Segenswünsche darzubringen. Wohl ahnen wir die schwere Bürde, welche mit der Annahme dieser Würde für Euer Majestät verbunden ist, allein dennoch erlauben wir und die unterthänigste Bitte: Euer Majestät wolle im Interesse des engeren und weiteren Vaterlandes eine Krone nicht verschmähen, mit welcher der Kern eines hochherzigen Volkes nur Friedrich Wilhelm den Vierten, König von Preußen, gekrönt sehen möchten. Wir verharren in tiefster Ehrfurcht, Euer Majestät Treu gehorsamster Stadtrath von Solingen."

Am 3. April 1849 reiste eine Abordnung von 32 Mitgliedern der Nationalversammlung von Frankfurt nach Berlin, um dem König die deutsche Kaiserkrone offiziell anzutragen. Zu der Delegation gehörte auch der Solinger Abgeordnete Ernst Moritz Arndt. Der König lehnte mit den Worten ab: „Ich bin bereit, durch die Tat zu beweisen, dass die Männer sich nicht geirrt haben, welche ihre Zuversicht auf meine Hingebung, auf meine Treue, auf meine Liebe zum gemeinsamen Vaterland stützten. Ich würde Ihr Vertrauen nicht rechtfertigen, Ich würde dem Sinne des deutschen Volkes nicht entsprechen, Ich würde Deutschlands Einheit nicht aufrichten, wollte ich, mit Verletzung heiliger Rechte und Meiner früheren [...] Versicherungen, ohne das freie Einverständnis der gekrönten Häupter, der Fürsten und der freien Städte Deutschlands, eine Entschließung fassen, welche für sie und für die von ihnen regierten deutschen Stämme die entscheidendsten Folgen haben muss."

In der Kölnischen Zeitung vom 4. April 1849 kommentierte Friedrich Engels die Ablehnung der Kaiserkrone: „Aber an der von dem Frankfurter Parlament dargebotnen Krone klebt zuviel plebejischer Staub, zuviel unangenehme Erinnerung an die unseligen Tage der Herrschaft des souveränen Volks, als dass ein König von Gottes Gnaden, und noch dazu ein rehabilitierter, sie so ohne weiteres auf sein Haupt drücken dürfte. Erst wenn die übrigen, gleichfalls von Gottes Gnaden gekrönten Fürsten ihre Zustimmung dazu gegeben haben, erst dann wird die neue Krone von allen sündhaften märzerrungenen Flecken durch die Gnade Gottes gereinigt und geweiht sein; erst dann wird der Erwählte der 290 Professoren und Hofräte sie ergreifen und sprechen, wie weiland in Berlin: ‚Von Gottes Gnaden habe ich diese Krone, und wehe dem, der daran tastet!'

In Solingen wurde die Ablehnung der Kaiserkrone durch Friedrich Wilhelm IV. durch amtliche Bekanntmachung erst am 19. Mai 1949 öffentlich. Darin richtete der Preußenkönig diese Worte „An mein Volk: Ich habe auf das Anerbieten einer Krone Seitens der deutschen National-Versammlung eine zustimmende Antwort nicht ertheilen können, weil die Versammlung nicht das Recht hatte, die Krone, welche sie Mir bot, ohne Zustimmung der deutschen Regierungen zu vergeben, weil sie Mit unter der Bedingung der Annahme einer Verfassung angetragen ward, welche mit den Rechten und der Sicherheit der deutschen Staaten nicht vereinbar war."

Noch am 9. April 1849, Ostermontag, 18.30 Uhr, lud der in dem heute zu Solingen zählenden Aufderhöhe wohnende C. Julius Kronenberg anlässlich der Kaiserwahl zu einer Feier mit Konzert ein. Nach einer Festhymne stand ein Klavierrezital, dann der Chor aus Haydns Schöpfung auf dem Programm. Den Abschluss der Veranstaltung bildete Schillers Lied von der Glocke, komponiert von dem Komponisten Andreas Jakob Romberg.

Wie schon im März gab es auch im April 1849 in vielen bergischen Städten und Gemeinden des Bergischen Landes Volksversammlungen, auf denen man die in der Frankfurter Paulskirche beschlossene Reichsverfassung als allgemeingültiges Reichsgrundgesetz anerkannt wissen wollte.

Der im Siegkreis tätige Gendarm Kilian verfasste folgenden Bericht: „Am 14. April 1849 gegen Abend um ½ 6 Uhr traf ich bei der zu Eitorf wohnenden Kaufmännin und Wirtin Witwe Komp mehrere Lehrer, welche über die Demokratie sprachen. Der zu Neuwied wohnende und daselbst bei der Elementarschule als Lehrer angestellte Theodor Bröning sagte: ‚Ich bin ein echter Demokrat; es würde mir sehr leid tun, wenn ich keiner wäre. Und wenn man mich auch fortjagt, dann gehe ich nach Amerika. Was mache ich mir aus der Lehrerstelle! Die Bureaukratie hole der Teufel! Durch diese verarmt das ganze Land.' Der Lehrer Schumacher aus Herchen erwiderte: ‚Der Kaffee ist ein ausländisches Produkt, macht das Land arm, und die Unlust zu arbeiten, macht die Leute arm.' Hierauf erwiderte der Lehrer Bröning: ‚Ach wad, Kaffee! Auf dem Kaffee ruht ein sehr hoher Eingangszins, und wer frißt diesen ganz? Unsere Fürsten! Unsere

Lumpen!" Der eifrige Gendarm sah in den Äußerungen des Lehrers Bröning den Straftatbestand der Majestätsbeleidung erfüllt und sandte seinen Bericht deshalb an den Landrat.

Am 26. April 1849 löste der König die Zweite Kammer auf.

Daraufhin ersuchte Innenminister Otto Theodor Freiherr von Manteuffel (1805-1882) die Regierungspräsidenten, „mit aller Aufmerksamkeit den Bewegungen auf dem Gebiete der Politik im dortigen Bezirke zu folgen, die Press gehörig im Auge zu halten und in nächster Zeit tägliche Berichte über den Zustand des Bezirkes zu erstatten."

Am 29. April forderte das Regierungspräsidium den Düsseldorfer Landrat auf, „über etwaige politische Vorgänge im dortigen Kreise resp. über die Stimmung tagtäglich nach Empfang dieses mit Nachricht zu geben."

In Solingen kam es am 30. April zu einer Volksversammlung. Dort wurde ein Schreiben an den Gemeinderat von Dorp verfasst, in dem gefragt wurde, „ob der Gemeinderath mit der National-Versammlung zu Frankfurt gehen oder sich auf die Seite des Ministeriums in Berlin stellen würde." Die Antwort war bürokratisch, wenn auch juristisch korrekt: „Nach § 61 der Gemeinde-Ordnung sind wir nur berechtigt und verpflichtet, über Gemeinde-Angelegenheiten zu beschließen und haben deshalb keine Befugniß, auf die uns von jener Deputation gestellten politischen Fragen eine Meinungs-Äußerung abzugeben."

Die Maiunruhen 1849

Ablehnung der Reichsverfassung durch den König

Nachdem sich die 2. Preußische Kammer am 21. April für die in der Frankfurter Paulskirche proklamierte Reichsverfassung ausgesprochen hatte, König Friedrich Wilhelm IV. sie aber ablehnte und die Regierung die Kammer am folgenden Tag kurzerhand auflöste, führte dieses Handeln zu den sogenannten Maiunruhen, die auch im Bergischen Land, insbesondere in Düsseldorf, Elberfeld und Solingen, deutlich zutage traten.

Entwickelten sich die Märzunruhen des Vorjahres eher schleichend, so die Maiunruhen recht schnell.

Reaktionen innerhalb der Bevölkerung

Am 29. April kam es in Elberfeld zu einer Volksversammlung, organisiert vom örtlichen Centralmärzverein. Mehr als eintausend Menschen fanden zusammen, die eine Resolution verabschiedeten, die sich gegen die Auflösung der Zweiten Kammer wandte. Auch wurde ein Demonstrationszug nach Düsseldorf beschlossen.

Als der Demonstrationszug unter Beteiligung auch Elberfelder und Barmer Deputierter am 30. April in Düsseldorf eintraf, wurde er von Soldaten empfangen. Zwanzig Sprecher übergaben die am Vortrag verabschiedete Resolution.

Am Abend des 30. April kam es in der Gastwirtschaft des Jakob Hilgers am Solinger Mühlenplätzchen zu einer vom Demokratischen Club unter Führung des Bierbrauers Hermann Roese einberufen Volksversammlung. Diese sendete Abordnungen in das dortige Rathaus sowie in die Rathäuser der Nachbarorte Höhscheid und Dorp, um von den Bürgermeistern zu erfahren, ob sie auf der Seite der Frankfurter Nationalversammlung oder auf der der Regierung zu Berlin stehen.

In einem am 2. Mai von dem Hildener Bürgermeister Clemens verfassten Bericht steht zu lesen: „Noch hat sich eine bestimmte Ansicht über die Auflösung der 2. Kammer zu Berlin nicht kundgegeben; und kann ich nur mitteilen, dass man in vertrauten Kreisen mit den Motiven wegen der erfolgten Auflösung sich nicht einverstanden erklärt. Da ich nun aus Erfahrung weiß, dass hier auf dem Lande man sich im Allgemeinen danach richtet, was in den Städten Elberfeld und besonders Düsseldorf beschlossen wird, so wird abzuwarten sein, was dort geschieht, um hier den Eindruck beurteilen zu können."

Nicht nur in den bergischen Großstädten, auch in kleinen Gemeinden wie Eitorf kam es zu Versammlungen demokratisch gesinnter Bürger. Im sechs Kilometer entfernt gelegenen Uckerath trat an diesem Tage auf einer Versammlung der in Blankenberg geborene Philosoph und Theoretiker der Arbeiterbewegung Peter Joseph Dietzgen auf.

Der Solinger Bürgermeister Christoph Alexander Wilhelm von Keller ließ Landrat Friedrich Wilhelm von dem Bussche-Kessel mit Schreiben vom 8. Mai wissen, „dass die Aufregung im Volke groß und näher betrachtet sehr ernst" sei.

Der Kaiserswerther Bürgermeister Joseph Rottländer warnte, dass aus den infolge der Auflösung der Zweiten Kammer notwendig gewordenen Neuwahlen die Radikalen als Sieger hervorgehen könnten. Nach seiner am 5. Mai dem Regierungspräsidenten übermittelten Einschätzung war laut Landrat von Frentz „gerade in Kaiserswerth die aufgeregteste Stimmung von allen Gemeinden." Doch schon sein am Folgetag verfasster Bericht zeugte von geringerer Sorge: „Es scheint also, dass die Umtriebe und Wühlereien einiger überspannter Köpfe bei der großen Masse keinen Eingang gefunden haben."

Von noch größerer Beruhigung des Landrates zeugte dessen Schreiben vom 9. Mai: „Dem Königlichen Regierungspräsidio berichte ich gehorsamst, dass im hiesigen Landkreise noch fortwährend Ruhe und Ordnung in keiner Weise gestört worden ist, obgleich die Stimmung im Volke eine unzufriedene und gedrückte ist."

Einige Gemeinderäte versuchten die Ideen der neuen Zeit auch auf kommunaler Ebene praktisch umzusetzen und tagten öffentlich. So war der Tagungsraum der katholischen Schule in Hilden eng gefüllt, als der dortige Gemeinderat am 5. Mai dort zusammentraf. In Düsseldorf wurde der Öffentlichkeit bereits ein Jahr zuvor, am 24. Mai 1848, die Möglichkeit eingeräumt, den Sitzungen des Stadtrates beizuwohnen.

Johann Peter Höfer, von 1821 bis 1849 Bürgermeister des heutigen Solingen Stadtteils Höhscheid, zeigte so viel Verständnis für das Aufbegehren der Arbeiter, dass Landrat Julius von dem Bussche-Ippenburg, genannt von Kessel, gegenüber dem Regierungspräsidenten den Verdacht äußerte, der erste Bürger der Gemeinde sei ein Sympathisant der Demokraten.

Elberfelder Vertreter des Politischen Klubs, u. a. Carl Hecker, Alexis Heintzmann und Dr. Hermann Höchster, sowie des Lenneper Arbeitervereins nahmen am 6. Mai an dem Kongress der demokratisch-konstitutionellen Vereine in Deutz teil.

Abb. 16: Johann Peter Höfer

Am 7. Mai warnte der Elberfelder Oberbürgermeister Johann Adolf von Carnap das Regierungspräsidium erfolglos davor, Militär gegen die Protestierenden in Stellung zu bringen. Zwei Tage später machte sich eine Einheit der Ulanen-Kavallerie von Düsseldorf auf den Weg ins Tal der Wupper, wo sie am Mittag eintraf. Oberbürgermeister von Carnap und einige Mitglieder des Gemeinderates versuchen am Bahnhof Steinbeck, den Einmarsch von zwei Kölner Infanterie-Kompanien aufzuhalten, die von dem kommissarischen Regierungspräsidenten Friedrich Wilhelm Franz van Spankeren in die Stadt gesendet wurden, um die Landwehrkomitees in Haft zu nehmen und Ruhe und Ordnung zu garantieren.

Gegen 16 Uhr war die Gegend zwischen Herzogstraße und Wall voll mit Soldaten, die auf einen Einsatzbefehl warteten, während große Teile der Bevölkerung vor der Wilhelmshöhe, dem Quartier des Landwehrkomitees, Barrikaden aufstellten.

Als gegen 17 Uhr befohlen wurde, das Landwehrkomitee hinter Gitter zu bringen, wurde den Militärs am Neumarkt ein solch starker Widerstand entgegengesetzt, dass sie sich zunächst einmal wieder zum Wall zurückzogen.

Für die Dauer von beinahe zwei Stunden zogen sich Oberbürgermeister Johann Adolf von Carnap und Mitglieder des Rates mit dem Regierungspräsidenten Franz van Spankeren ins Rathaus zurück, um über eine friedliche Lösung zu verhandeln. Aber immer mehr Menschen kamen in der Innenstadt zusammen. Gegen 20.30 Uhr rückten die Soldaten erneut gegen die Barrikaden an, zogen sich angesichts der Gegenwehr jedoch wieder zurück.

Der Hildener Bürgermeister Hermann Clemens ordnete für die Zeit vom 8. bis 19. Mai nächtliche Wachen in Hilden an, die aus bis zu zwölf Männern bestanden, allesamt der Mittelschicht entstammend, die Angst um ihr Eigentum hatten. Am 9. Mai meldete er: „Der heutige Tag ist, obschon die verwirrendsten Nachrichten von verschiedenen Richtungen – namentlich von Elberfeld – über vorgefallene Ruhestörungen etc. einliefen, ruhig vorübergegangen." Einen Tag später notierte Clemens: „Wie ich vernehme, sollen Versuche gemacht worden sein, das Volk im ultrademokratischen Sinne nach Elberfeld oder nach Düsseldorf zu führen – was jedoch nicht gelungen ist. Soeben vernehme ich, dass in dieser Nacht Zuzug aus Merscheid hier eintreffen, Sturm geläutet und das ganze Volk nach Düsseldorf geschickt werden soll. Ich hege indes die Hoffnung, dass alles ruhig vorübergeht, und habe Vorsichtsmaßnahmen getroffen."

In der Nacht vom 9. auf den 10. Mai gingen Aufständische gegen das Militär vor. Ihr Ziel war es, Ferdinand Lassalle aus dem Gefängnis zu befreien. Dieser war, nachdem er am 21. November 1848 in Neuss das Volk zum bewaffneten Kampf aufgerufen hatte, verhaftet, am 6. Mai jedoch vom Landgericht Düsseldorf freigesprochen, dann jedoch wegen Beleidigung des Staatsanwaltes erneut in Haft genommen worden.

Ein wenig besorgter liest sich, was der Hildener Bürgermeister am 11. Mai niederschrieb: „Das ganze Volk ist in fieberhafter Aufregung! Die verschiedenartigsten Gerüchte liefen heute aus der nächsten Umgegend, namentlich Wald, Merscheid und Haan, hier ein. Es hieß, man dringe in die Häuser und schleppe alle waffenfähige Mannschaft zusammen, um bald nach Düsseldorf, bald nach Elberfeld zu ziehen; man werde dasselbe auch hier tun. Ich bin deshalb auch gefasst auf alles!"

Um über die Folgen der Auflösung der Zweiten Kammer sowie der Ablehnung der Kaiserkrone durch Friedrich Wilhelm IV. zu beraten, lud der Kölner Stadtrat sämtliche Räte der Rheinprovinz für den 8. Mai zu einer Versammlung ein.

Am 11. Mai erschienen etwa 30 Solinger Metallarbeiter in Burg, um die dortigen Kollegen zu ermuntern, mit ihnen gemeinsam nach Elberfeld zu ziehen. Da der „Oberbefehlshaber" der Burger Bürgergarde, Bürgermeister Uesseler, verreist war, bestimmten die versammelten Mitglieder Friedrich Forstmann zu ihrem Führer.

Die im Januar 1847 gegründete „Barmer Zeitung" meldete am 11. Mai 1849: „Aus der ganzen Umgegend stürmen Bewaffnete herbei", und die am 13. Mai 1849 erschienene „Elberfelder Zeitung" wusste zu berichten: „Nachmittags rückten etwa 150 Solinger ein." Wenn auch die genaue Zahl der Beteiligten nicht mehr zu eruieren sein wird, so darf aber davon ausgegangen werden, dass eine große Schar aus Remscheid, Solingen und anderen Orten des Bergischen Landes den Weg ins Tal der Wupper gefunden hatten.

Bewaffnete Arbeiter drangen am 11. Mai in das Elberfelder Gefängnis ein und befreiten jene 69 Solinger, die sich dort wegen der Zerstörung der Stahlfabrik Hasenclever in Haft befanden.

Der Düsseldorfer Landrat von Frentz ließ den Regierungspräsidenten am 12. Mai wissen, in seinem Landkreise „fürchtet man die in und um Elberfeld zusammengelaufenen Massen, die mit Plünderungen drohen."

Am 13. Mai gegen 21 Uhr notierte der Hildener Bürgermeister Hermann Clemens: „Es ist nun nach alledem, was ich aus sicheren Quellen erfahren, als gewiss anzunehmen, dass sich an dem Kampfe zu Elberfeld nur Leute aus den untersten Volksschichten aus Solingen und Umgegend beteiligen werden."

In Overath wurde am 13. Mai eine Volksversammlung abgehalten. Gemeinsam mit Mülheimer Demokraten machten sich im Anschluss bewaffnete Männer aus Overath nach Elberfeld auf.

Um die Vermeidung weiterer Eskalationen bemüht, suchten am selben Tag der Arzt Alexander Pagenstecher, der Fabrikant Friedrich Wilhelm Simons-Köhler sowie der Landgerichtspräsident Johann Friedrich Hector Philippi das Gespräch mit der Regierung in Düsseldorf, später auch in Berlin. Der Preußenkönig aber mochte die Abordnung nicht empfangen. Ludwig Simons, Justizminister, und August von der Heydt, Handels- und Finanzminister, beide aus Elberfeld stammend, empfingen die drei bergischen Gäste lediglich privat.

Reaktionen der preußischen Regierung

Am 14. Mai erklärte die preußische Regierung das Mandat der Abgeordneten des Frankfurter Parlamentes für erloschen. Der vom Wahlkreis Solingen in die Nationalversammlung entsandte Ernst Moritz Arndt, der mit fünfzig weiteren Parlamentsmitgliedern schon zuvor sein Mandat niedergelegt hatte, wandte sich mit einem Schreiben an die „Ehrenwerthen Herren Wahlmänner des Kreises Solingen", in dem er mitteilte: „Ihnen, sehr werthe Herren und Freunde, habe ich die Ehre und die Pflicht hierdurch zu melden, dass ich heute mit ungefähr 50 der ehrenwerthesten Männer des Reichstags, aus seiner Versammlung ausgetreten bin." Der am 26. Mai 1849 im „Solinger Kreis-Intelligenzblatt" publizierte Brief endete: „Nun ein herzliches Lebewohl und einen festen treuen Handschlag aus der Ferne. Erhalten Sie mir Ihr freundliches Wohlwollen und Streben und beten Sie mit mir, dass Gott unser Vaterland frei und glücklich und einig und stark machen wolle!"

Um das Potential der kampfentschlossenen Bevölkerungsteile zu reduzieren, kam es am 15. Mai in Solingen und Gräfrath zu Hausdurchsuchungen und Beschlagnahmungen von Waffen.

Am 16. Mai wurde der Belagerungszustand über die Kreise Elberfeld und Solingen sowie die unweit des Bergischen Landes gelegenen Kreise Hagen und Iserlohn verhängt, nachdem es zuvor zur Plünderung der Landwehr-Zeughäuser in Gräfrath und Iserlohn sowie eines Pulvertransportes nahe Hagen gekommen war und sich in Elberfeld ein sogenannter Sicherheitsausschuss gebildet hatte, dem die in der Stadt verbliebenen Mitglieder des Gemeinderates die exekutive Gewalt übertrugen.

Exemplarisch sei aus der von Major Reinhold unterzeichneten öffentlichen Bekanntmachung an die Bevölkerung des Kreises Solingen zitiert: „In Erwägung, dass in den Bürgermeistereien Solingen, Dorp, Wald, Merscheid und Höhscheid, durch eine Rotte Aufrührer ein gesetzloser Zustand entstanden ist, und die bezügliche Civil-Behörde erklärt hat, durch die ihr zu Gebote stehenden Mittel die gesetzliche Ordnung nicht wieder herstellen zu können, erklärt der unterzeichnete Militär-Befehlshaber, welcher augenblicklich das Kommando der im Kreise Solingen detachirten Truppen führt, nach Maßgabe des Gesetzes die genannten Bürgermeistereien hiermit als in den Belagerungszustand gesetzt." In der Folge durften sich politische Vereine nicht mehr betätigen, mehr als sechs Personen sich auf öffentlichen Straßen und Plätzen nicht mehr versammeln. In den Wirtshäusern galt ab 22 Uhr Sperrstunde. Zeitungen durften erst publiziert werden, nachdem sie die Zensur des Militärs durchlaufen hatten.

In Lüttringhausen wurden auf Geheiß von Emil August von Bernuth, Landrat des Kreises Lennep, am 18. Mai sieben, in Radevormwald gar einundzwanzig Rebellen verhaftet. Am 20. Mai betrug die Zahl der Inhaftierten bereits einundfünfzig. Unter ihnen befanden sich auch Mirbach und Hühnerbein.

Verbot der „Neuen Rheinischen Zeitung"

Um den Aufständischen eines ihrer wichtigsten Sprachrohre zu nehmen, wurde am 19. Mai jede weitere Publikation der Neuen Rheinischen Zeitung verboten.

Von den Zuständen in Elberfeld handelt das nachfolgende Gedicht eines unbekannten Verfassers, publiziert in der Berliner Satirezeitschrift „Kladderadatsch" vom 20. Mai 1849:

In Elberfeld haben viele tausend Mann
auf die Reichsverfassung geschworen
Der Tanz geht los! Der Feind rückt an
Die Preußen stehn vor den Toren

In Elberfeld gibt´s harten Strauß
und Prügel gibts nach Noten
Die Preußen ziehn zur Stadt hinaus
Mit fünf drei Viertel Toten

In Elberfeld geht´s lustig her
Die Rheinischen Lazzaroni
Bau´n Barrikaden von Golde schwer
von Silber und von Mahagoni

Und all die blanke Herrlichkeit
Bildsäulen, Spiegel und Lüster
Die liefert Herr Daniel von der Heydt
Der Bruder vom Handelsminister

Herr Daniel rauft sich das Haar und heult
Weh! Wollt ihr mich denn nicht schonen?
ich habe ja an die Rebellen verteilt
Schon an die tausend Patronen

Da kömmt ein Proletarier her
und bietet ihm eine Prise
„Wenn Ihr Bruder nur kein Minister wär
Und wenn er nicht August hieße!“

Je deutlicher die Aufständischen sich in der Defensive sahen, umso mehr fanden sich unter ihnen, die dazu neigten, sich gewaltsam gegen eine Niederlage zu stemmen. Anderseits distanzierten sich selbst liberal gesinnte Bürger, auch wenn sie gesellschaftliche Veränderungen wünschten, von den gewaltbereiten Revolutionären.

Der seit 1848 als Notar in Hückeswagen tätige Vinzenz von Zuccalmaglio stellte die Aufständischen des Bergischen Landes in seiner 32 Seiten umfassenden Publikation „Die große Schlacht bei Remlingrade, oder der Sieg der Bergischen Bauern über die Elberfelder Allerwelts-Barrikadenhelden am 17. Mai 1849" auf eine Stufe mit Kriminellen.

Der in Düsseldorf geltende Belagerungszustand wurde am 22. Mai auch über das angrenzende Ratingen verhängt.

Der Burscheider Bürgermeister Pott teilte dem Landrat per Schreiben vom 28. Mai mit, er habe „den Gastwirthen Schmitz und Becker aufgetragen, ihre Localien zu politischen Clubs nicht mehr herzugeben."

Einführung eines neuen Wahlrechts

Am 30. Mai 1849 wurde durch Verordnung der Regierung zu Berlin ein neues Wahlrecht oktroyiert, das bis ins Jahr 1918 Bestand hatte. Dieses von König Friedrich Wilhelm IV. in ganz Preußen eingeführte Dreiklassenwahlrecht bestimmte, dass bis auf spezifische Ausnahmefälle jeder Bürger wählen durfte. Durch die Unterteilung in drei Klassen, denen die Wähler je nach der Höhe der von ihnen zu zahlenden Steuer zugeordnet wurden, sicherte man das Primat der Wohlhabenden. Zwar machten diese in ganz Preußen lediglich 4,7 Prozent der Wähler aus, zählten 12,6 Prozent zur zweiten und eine überwältigende Mehrheit von 82,6 Prozent zur dritten Klasse, aber dem Dreiklassenwahlrecht zufolge besaß die Stimme eines Wählers der ersten Klasse im Durchschnitt ein etwa 20 Mal höheres Gewicht als die eines der dritten Klasse angehörenden Wählers.

Zur ersten Klasse zählten Aristokraten und Großgrundbesitzer, zur zweiten zum größten Teil Kaufleute. Die übrigen Wähler wurden der dritten Klasse zugeordnet.

№ 1. Sonntag, den 7. Mai. 1848.

Kladderadatsch.

Wochenkalender.

Montag den 8. Mai.
Von 1187 Wählern geben 1473 den Herren **Thadden, Krausnick, Meding** und **Möllendorf** ihre Stimme für Frankfurt.

Dienstag den 9. Mai.
Man entdeckt auf dem Altar des Vaterlandes mehrere galvanoplastische Schmucksachen.

Mittwoch den 10. Mai.
Die Stumme von Portici wird **ohne** Dekorationen aufgeführt.

Wochenkalender.

Donnerstag den 11. Mai.
Demonstration der Berliner Säuglinge für **direkte** Mutterbrust gegen **indirekte** Lutschbeutelernährung.

Freitag den 12. Mai.
Wegen anhaltendem Regenwetter keine Weltgeschichte.

Sonnabend den 13. Mai.
Den Tag über ruhig. Gegen Abend erscheint plötzlich Kladderadatsch Nr. 2 mit der Biographie des Dr. Eilert. Große Aufregung!

Organ für und von Bummler.

Dieses Blatt erscheint täglich mit Ausnahme der Wochentage für den Preis von 1¼ Sgr. Es kann jeden Sonnabend von fünf Uhr ab aus sämmtlichen Buchhandlungen abgeholt werden, und wird dem richtigen Bürger, dem fleißigen Künstler, dem tapfern Krieger Sonntags früh, überall, bis in die tiefsten Kellerwohnungen hinab, colportirt werden.

Die Redaktion.

Fünfte Auflage.

Berlin, am ersten Mai.

Im wunderschönen Monat Mai
Wo alle Blüthen sprangen: —
Da sind auch meiner Bummelei
Die Augen aufgegangen!

Die Zeit ist umgefallen! Der Geist hat der Form ein Bein gestellt! Der Zorn Jehovahs brauset durch die Weltgeschichte! Die Preußische Allgemeine, die Vossische, die Spenersche, — Gesellschafter, Figaro und Fremdenblatt haben zu erscheinen aufgehört — Urwahlen haben begonnen, — Fürsten sind gestürzt — Throne gefallen — Schlösser geschleift, — Weiber verheert — Länder gemißbraucht — Juden geschändet — Jungfrauen geplündert — Priester zerstört — Barrikaden verhöhnt — Kladderadatsch!

Wer dürfte hiernach die Farbe, — die Tendenz — den Charakter unseres Blattes in Zweifel ziehen. Der klare Ausdruck unseres Bewußtseins wird uns Männer wie

Junius, Julius, Curtius, Gervinus, Ruppius und Nebenius; — Löwisohn, Löwenfeld, Löwenberg, Löwenthal, Löwenheim, Löwenstein, Löwenherz, Ledrü-Rollin, D. A. Benda, Louis Blanc, von Bülow, Eylert und Lamartine, Thiele, Hecker, Eichhorn, Struve, Meding und Herwegh, Jacoby und Aegidi,

zu Mitarbeitern

gewinnen. Berliner! Räumt die Hindernisse weg, die dem Erscheinen dieses Journals im Wege stehen. — Entsendet Männer voll des ächten Berliner Geistes, die auf Kladderadatsch subscribiren!

Eure liebreiche Freundin, die Redaktion dieser Blätter, vereinigt ihre äußersten Bitten um baldiges Abonnement mit denen ihrer Mitarbeiter. —

Abb. 17: Kladderadatsch, Ausgabe vom 7. Mai 1848

Die Abgeordneten wurden über Wahlmänner gewählt, die zu je einem Drittel von den jeweiligen Klassen bestimmt wurden. Diese Wahlmänner wurden nicht etwa geheim, sondern öffentlich durch Nennung des Namens gewählt. Auch die von den Wahlmännern vorgenommene Wahl der Abgeordneten verlief öffentlich. Da die Wahl nicht geheim erfolgte, war es möglich, auf die Wahlmänner vorab Einfluss zu nehmen, konkret: diese beispielsweise zu bestechen.

Ab Juni 1849 wurde das Bergische Land von einer Cholera-epidemie heimgesucht, die bis ins Frühjahr des folgenden Jahres anhielt und ein Indiz für die mangelnden hygienischen Verhältnisse, insbesondere in den Industriestädten, war, in denen Trink- und Abwasser nicht ausreichend voneinander getrennt wurden.

Ende der Revolution

In dem Bemühen, jeden Versuch einer revolutionären Veränderung im sozialen Gefüge im Keim zu ersticken, wurde die politische Tätigkeit demokratisch gesinnter Vereinigungen zunehmend reglementiert oder gleich ganz verboten. So wurden nach einer Verordnung vom 29. Juni 1849 alle Vereine „zur Verhütung eines die gesetzliche Freiheit und Ordnung gefährdenden Mißbrauchs" verpflichtet, ihre Statuten den örtlichen Polizeibehörden vorzulegen. Alle Versammlungen, in denen über „öffentliche Angelegenheiten" verhandelt werden sollten, bedurften fortan der Genehmigung der Polizei, die solche Versammlungen, wurde deren Durchführung gestattet, in aller Regel auch beaufsichtigte.

Diese Verordnung zielte natürlich insbesondere auf das politische Wirken demokratischer Vereine ab, die als umstürzlerisch und verfassungsfeindlich erklärt wurden und denen man einen Missbrauch des Versammlungs- und Vereinsrechts vorwarf.

Wilhelm Uesseler, Bürgermeister zu Burg an der Wupper, schätzte die von Barrikadenkämpfern ausgehende Gefahr für so gering ein, dass er am 29. Juni die Mitglieder der örtlichen Bürgergarde anwies, die ihnen zur Verfügung gestellten Gewehre wieder abzugeben.

Am 6. Juli 1849 gaben „Wir Friedrich Wilhelm von Gottes Gnaden, König von Preußen" den unter militärischer Belagerung stehenden Kreisen Elberfeld und Solingen zur Kenntnis, dass die dortigen Bürgerwehren aufzulösen seien, da sie

„dem Treiben der Aufständischen in entsprechender Weise nirgend entgegen getreten sind, also der ihnen durch das Gesetz vom 17. Oktober 1848, über die Errichtung der Bürgerwehr auferlegten Verpflichtung, die gesetzliche Ordnung zu schützen, nicht entsprochen haben."

Die am 17. Juli durchgeführten Urwahlen fanden insofern öffentlich statt, als dass dem Wahlvorsteher durch den Urwähler mitzuteilen war, wem er seine Stimme geben möchte.

Der Landrat des Kreises Düsseldorf, Emmerich Raitz von Frentz, berichtete am 20. Juli dem Regierungspräsidenten, „dass die am 17. d. Mts. vorgenommenen Urwahlen für die II. Kammer im hiesigen Landkreise ohne die geringste Störung vorgenommen worden sind. Die Teilnahme an den Wahlen war indessen eine äußerst geringe: so sind beispielsweise in den Bürgermeistereien Kaiserswerth und Angermund von 2029 Urwählern nur 87 zur Wahl gegangen." In Gerresheim gab es 245 Wahlberechtigte, von denen nur 10 an der Wahl teilnahmen.

In einem am 18. Juli verfassten Bericht des Kaiserswerther Bürgermeisters Rottländer deutete dieser die geringe Wahlbeteiligung wie folgt: „Viele Leute sind, wie man häufig äußern hört, des fortwährenden Wählens müde, und manche fügen noch bei, ‚dass das Wählen bisher doch nichts genützt hätte und ebensowohl ohne Kammern regiert werden könne.'" Auch habe die Erntezeit „auf dem Lande vielleicht am meisten auf die Teilnahmslosigkeit an den Wahlen eingewirkt".

Am 9. November 1849 fand in Rösrath unter Pfarrer Dr. Christian Heinrich Aumüller, der späte in Birk bei Lohmar seinen Dienst tat ein Gottesdienst statt, bei dem des in Köln geborenen Politikers und Publizisten Robert Blum gedacht wurde, der auf den Tag genau ein Jahr zuvor aufgrund seiner

Beteiligung am Aufstand gegen die kaiserlich-österreichischen Truppen in Wien hingerichtet worden war.

Im Jahr 1851 entschied der Stadtrat zu Düsseldorf, die Kastanienallee, in der die Kutsche des Friedrich Wilhelm IV. am 14. August 1848 mit Pferdeäpfeln beworfen worden war, in „Königsallee“ umzubenennen, um den Monarchen gewogen zu stimmen.

Im Regierungsbezirk Düsseldorf stieg die Zahl der Menschen von 475 000 im Jahr 1815 auf 907 000 im Jahr 1849.

Was wurde aus...

Das Schicksal jener Männer, die während der Deutschen Revolution im Bergischen Land 1848/49 bedeutende Rollen spielten, verlief nach deren Ende recht unterschiedlich. So brachte es der 1820 in Elberfeld geborene Hermann Heinrich Becker, den man weithin als „roten Becker“ kannte, 1870 bis zum Oberbürgermeister von Köln, dessen Kampfesbruder Karl Schapper zum Generalrat der in London ansässigen Internationalen Arbeiterassoziation.

Weniger glücklich verlief das Leben des Kölners Franz Raveaux, der im Juli 1851 in seiner Geburtsstadt zum Tode verurteilt und symbolisch hingerichtet wurde und zwei Monate später in Belgien an Tuberkulose starb.

Bereits zwei Jahre zuvor raffte es den Arzt Andreas Gottschalk dahin, der während einer Choleraepidemie in einem der Kölner Armenviertel infiziert wurde. Dessen Berufskollege Alexander Pagenstecher verzog nach Heidelberg, und er war ab 1863 für die Dauer von drei Jahren Abgeordneter der Zweiten Badischen Kammer. Den Arzt Carl Ludwig Johann D'Ester verschlug es in die Schweiz, wo er als Armenarzt großes Ansehen erwarb.

Nach fünfjähriger Festungshaft ließ sich der Arzt Peter Joseph Neunzig wieder in Gerresheim nieder, wo er eine Praxis führte und im Frühjahr 1877 starb.

Für den Wahlkreis Düren/Jülich wurde Peter Joseph Fischbach 1865 für die Deutsche Fortschrittspartei ins Preußische

Abgeordnetenhaus gewählt, engagierte sich aber auch weiterhin für gesellschaftliche Belange im Bergischen Land, so in dem in Bensberg tätigen „Hilfsverein Kölner Dom".

Auf der Flucht gelangte der Düsseldorfer Kaufmann Lorenz Cantador über Frankreich in die Vereinigten Staaten und starb im Winter 1883 verarmt in New York.

Der Schriftsteller Georg Weerth wanderte nach Kuba aus, wo er im Alter von nur 34 Jahren an den Folgen einer Malaria verstarb. Eine Gedenktafel auf dem Friedhof in Havanna erinnert an den Revolutionär.

Ernst Moritz Arndt, auch als Autor tätiger Historiker, konzentrierte sich auf seine akademische Laufbahn und machte durch antisemitische Publikationen von sich reden. Die Schulkonferenz des nach ihm benannten Remscheider Gymnasiums setzt sich in jüngster Zeit für eine Namensänderung der Schule ein.

Alexis Heintzmann, der sich sowohl als Jurist wie auch als Kaufmann einen Namen machte, verstarb im Sommer 1865. Ihm wurde auf dem evangelisch-reformierten Friedhof in Hagen ein Denkmal gesetzt.

Der Kaufmann Carl Hecker schied 1851 aus dem Elberfelder Unternehmen „Gebrüder Bockmühl, Schlieper & Hecker" aus und lebte fortan in Bonn, wo er 1873 entschlief.

Nach dem Jahr 1849 widmete sich der liberale Politiker Gustav Mallinckrodt wieder ganz seiner unternehmerischen Tätigkeit, investierte in den Bergbau und gehörte zu den Gründungsvätern der Lebensversicherung „Concordia".

Der Kölner Uhrmacher Maximilien Joseph Moll nahm ab Mai 1849 am Badisch-Pfälzischen Aufstand teil und ließ

Ende Juni dort sein Leben. Ebenfalls an diesem Aufstand beteiligt war Carl Schurz, der in die Vereinigten Staaten auswanderte, sich dort weiter politisch engagierte und es von 1877 bis 1881 bis zum Innenminister brachte.

Fazit

Die Revolution von 1848 und 1849 war nach der in Frankreich 1789 vollzogenen die einzige, die große Teile von Europa erfasste. Auch wenn sie mit einer Niederlage endete, bedeutet dies nicht, dass sie nicht auch positive Auswirkungen gezeitigt hätte. Ohne sie wären so manche Veränderungen in Wirtschaft, Recht, Politik und behördlicher Infrastruktur ausgeblieben.

Wohl erst diese Revolution schuf die Voraussetzung zur Bildung von Parteien im heutigen Sinne; der 1861 ins Leben gerufenen Deutschen Fortschrittspartei, der Freikonservativen Partei, die sich 1866 konstituierte, der im Jahr 1869 gegründeten Sozialdemokratischen Arbeiterpartei.

Dass große Teile der Bürger- wie auch der Arbeiterschaft, die zur Mitte des 19. Jahrhunderts im Bergischen Land lebten, hieran einen nicht unbescheidenen Anteil hatten, sollte mit dieser umso bescheideneren Publikation in Erinnerung gerufen werden.

Literatur und Quellen

Historische Zeitungen und Blätter

Arbeiter-Blatt vom 15. Oktober 1848.

Arbeiter-Blatt vom 29. Oktober 1848.

Arbeiter-Blatt am 3. Dezember 1848.

Barmer Zeitung vom 11. Mai 1849.

Bonner Zeitung vom 18. November 1848.

Die Heimat, Beilage zum Solinger Tageblatt, 25. November 1932.

Die Heimat, Beilage zum Solinger Tageblatt, 13. Januar 1934.

Die Heimat, Beilage zum Solinger Tageblatt, 5. Juni 1937.

Düsseldorfer Zeitung vom 10. Januar 1849.

Elberfelder Kreisblatt vom 10. April 1845.

Elberfelder Zeitung vom 13. Mai 1849.

Freie Volksblätter vom 12. April 1848.

Gummersbacher Kreisblatt vom 25. März 1848.

Kölnische Zeitung vom 24. März 1848.

Kölnische Zeitung vom 16. April 1848.

Kölnische Zeitung vom 4. April 1849.

Neue Rheinische Zeitung vom 12. Juli 1848.

Neue Rheinische Zeitung vom 18. November 1848.

Piusblatt vom 12. Juli 1848.

Solinger Kreis-Intelligenzblatt, 29. Mai 1849.

Westphälisches Dampfboot, 19. April 1848.

Weitere historische Quellen

Dieterici, Carl Friedrich Wilhelm: Statistische Übersicht der wichtigsten Gegenstände des Verkehrs und Verbrauchs im preußischen Staate und im deutschen Zollverband. 1831 bis 1836, Berlin, Posen und Bromberg 1838.

Petition Overather Bürger an die Königliche Regierung vom 10. April 1848. Hauptstaatsarchiv Düsseldorf, Reg. Köln 516.

Hauptstaatsarchiv Düsseldorf, Bestand Landratsamt Düsseldorf Nr. 7, Bl. 37.

Peiniger, August: Persönliche Erlebnisse während der Unruhen 1848/49 in Elberfeld und Solingen, in: Zeitschrift des Bergischen Geschichtsvereins, Januar 1898.

Sprecher von Bernegg, Hector: Die Verteilung der bodenständigen Bevölkerung im rheinischen Deutschland im Jahr 1820, Göttingen 1887.

Zimmermann, Wilhelm: Die Deutsche Revolution, Karlsruhe 1848.

Zuccalmaglio von, Vinzenz: Die große Schlacht bei Remlingrade, oder der Sieg der Bergischen Bauern über die Elberfelder Allerwelts-Barrikadenhelden am 17. Mai 1849, Koblenz 1849.

Braun, Hermann: Drei Briefe von Vinzenz von Zuccalmaglio aus dem Jahre 1848, in: Monatshefte des Bergischen Geschichtsverein 1913.

Fenske, Hans: Vormärz und Revolution 1840–1849, Darmstadt 2002.

Först, Walter (Hrsg.): Das Rheinland in Preussischer Zeit, Köln und Berlin 1965.

Gernert, Dörte: Ein Freiheitsbaum für Rösrath. Der Landkreis Mülheim a. Rh. während der Revolution von 1848/49, Rösrath 1998.

Gerst, Thomas: „Da schleicht Erinn'rung heimlich sich zu Dir…". Zur Sozialgeschichte Lindlars im 19. Jahrhundert, Lindlar 1990.

Heine, Heinrich: Briefe 1831–1841, Berlin 1970.

Heinemann, Gustav: Reden und Schriften. Allen Bürgern verpflichtet: Reden des Bundespräsidenten 1969–1974, Frankfurt am Main 1975.

Helf, Wilhelm: Die Revolutionsjahre 1848/49 im ländlichen Bereich des alten Landkreises Solingen und Lennep, Opladen 1968.

Köllmann, Wolfgang: Sozialgeschichte der Stadt Barmen im 19. Jahrhundert, Tübingen 1960.

Marx, Karl u. Engels, Friedrich: Werke, Band 5, Programme der radikal-demokratischen Partei und der Linken zu Frankfurt, Berlin 1982.

Marx, Karl u. Engels, Friedrich: Werke, Band 6, Berlin 1982, Der erste Preßprozeß der „Neuen Rheinischen Zeitung".

Marx, Karl u. Engels, Friedrich: Briefwechsel, Zürich 1935.

Repgen, Konrad: Märzbewegung und Maiwahlen des Revolutionsjahres 1848 im Rheinland, Bonn 1955.

Ringel, Hermann: Bergische Wirtschaft zwischen 1790 und 1860. Neustadt a. d. Aisch 1966.

Schröder, Karl: Die politischen Unruhen der Jahre 1848/49 in der Gemeinde Eitorf und die Wiederherstellung staatlicher Autorität, in: Eitorfer Heimatblätter, 9. Jahrgang 1992.

Seyppel, Marcel: Die Demokratische Gesellschaft in Köln 1848/49, Köln 1991.

Solinger Tageblatt vom 27. Juni 1970.

Strangmeier, Heinrich (Hrsg.): Niederbergische Beiträge, Quellen und Forschungen zur Heimatkunde Niederbergs, Band 32, Hilden 1976.

Stubenhöfer, Erika: Freiheit, Gleichheit, Republik! Wär'n wir doch die Preußen quitt! Ratingen in den Revolutionsjahren 1848/49, Neustadt a. d. Aisch, 1998.

Taubert, Rolf: Autonomie und Integration. Das Arbeiter-Blatt Lennep. Eine Fallstudie zur Theorie und Geschichte von Arbeiterpresse und Arbeiterbewegung 1848–1850, München 1977.

Tennstedt, Florian: Vom Proleten zum Industriearbeiter. Arbeiterbewegung und Sozialpolitik in Deutschland 1800 bis 1914, Bayreuth 1983.

Valentin, Veit: Geschichte der deutschen Revolution von 1848/49, Berlin 1939.

Weidenhaupt, Hugo (Hrsg.): Gerresheim 870–1970, Beiträge zur Orts- und Kunstgeschichte, Düsseldorf 1971.

Weitling, Wilhelm (Hrsg.): Der Hülferuf der deutschen Jugend“ (Reprint), Leipzig 1972.

Internet

www. jaegercorps1844.de [Abruf 1.10.2021].

Abbildungsnachweis

Titelbild: Museum Schloss Burg, Solingen.

Abb. 1: © Deutsches Historisches Museum/Foto S. Ahlers.

Abb. 2: © Deutsches Historisches Museum.

Abb. 3, 6, 8, 10, 13, 16: Stadtarchiv Solingen.

Abb. 4: Humboldt-Universität zu Berlin, Porträtsammlung.

Abb. 5: Haus der Essener Geschichte, Stadtarchiv, Bestand 302, Nr. 50.

Abb. 7: © Rheinisches Bildarchiv, rba_205388.

Abb. 9: © Deutsches Historisches Museum/Foto A. Psille.

Abb. 11: Stadtarchiv Solingen, urspr. Genealogie der Familie Amberger, Zürich 1905.

Abb. 12: © Friedrich-Ebert-Stiftung e.V., Archiv, Bibliothek.

Abb. 14, 17: Wiki Commons.

Abb. 15: Sammlung O. Link.